講談社選書メチエ
788

戦国日本を見た中国人

海の物語『日本一鑑』を読む

上田信

MÉTIER

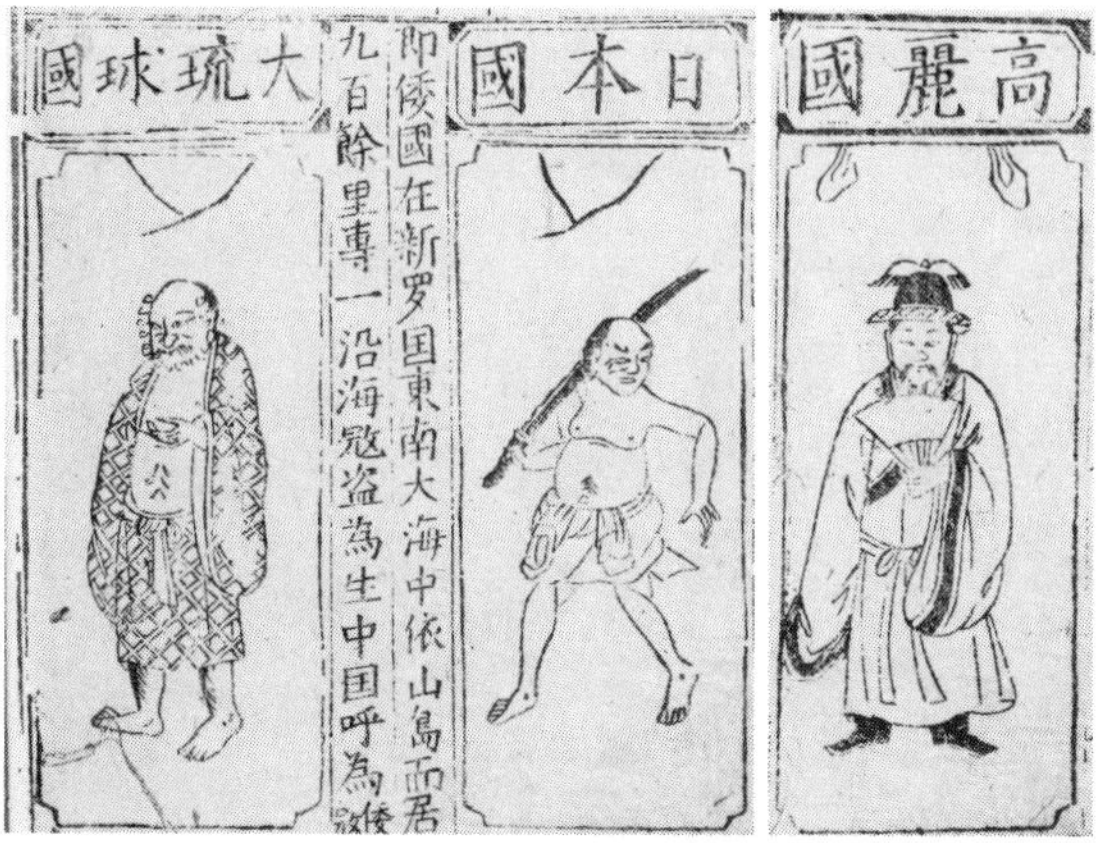

0-1　高麗国・日本国・大琉球国の住民のイメージ。『鼎鋟崇文閣彙纂士民捷用分類学府全編』二五巻より。国立国会図書館デジタルコレクション

はじめに――忘れられた訪日ルポには何が書かれているのか

ここに掲げた図は、一六〇七年に明《みん》代の中国で編纂《へんさん》された民間百科事典に登場する日本人像である。

「高麗国」（朝鮮）の住民は衣服を整え、靴を履く姿で、「大琉球国」（琉球）の人物像は着物を羽織り、裸足姿で描かれる。これに対して、「日本国」の住民のイメージは、諸肌《もろはだ》脱ぎで裸足、刀を担ぎ、いかにも凶暴な姿である。その詞書きには「もっぱら沿海を強盗して生計を立てている。中国人は『倭寇《わこう》』と呼ぶ」とある。

一五五〇年代、中国の沿海地域は日本を拠点として活動する武装集団に、頻繁に襲われるようになる。明代の年号を冠して「嘉靖《かせい》大倭寇」と呼ばれる争乱であった。海を渡って日本から来た人々

の凶暴な姿は、「大倭寇」が一五六〇年ごろに終息した後も、日本人のステレオタイプとして固定してしまったのである。

明代の中国では日本を識《し》ることなく、このステレオタイプに基づいて日本が語られることが多かった。そのなかで、類書とは異なる日本誌が著される。書名を『日本一鑑《にほんいっかん》』という。著者の名は鄭舜功《ていしゅんこう》。「大倭寇」が頂点を極めた一五五六年に、鄭は海を渡って日本に赴き、日本の言語・地理・文物・文化を調べ、日本人と交流し、日本ならびに日本人の実情を理解しようとした。

日本人は、中国の感覚からすれば凶暴ではあるものの、そこには秩序があり、折り合いをつけることができる、鄭はそう確信して、日本と中国とのあいだの国交を回復させようとした。その提言は帰国後に顧みられることはなく、著されたその書は、刊行されることなく、いくつかの写本で後世に伝えられるのみであった。一六世紀以降、『日本一鑑』の存在は忘れられていた。二〇世紀に入り、軍事強国化する日本と中国が対峙するようになるなかで、ようやく注目されるようになったようである(保科・中島、一九八九)。

戦国時代の日本を異文化の視点から相対化するものとして、南蛮人と呼ばれるイエズス会宣教師たちが残した記録が広く知られている。イエズス会はヨーロッパと異なる社会のなかで組織的に布教するために、見聞を報告書としてまとめ、保存する規定を定めていた。その圧倒的な情報量から、南蛮と呼ばれたポルトガル人やスペイン人の影響が実態よりも過大に評価されてきたように思われる。

しかし、鄭舜功が記した『日本一鑑』を読むと、中国と日本とのあいだを往来した渡海者たちの圧倒的規模が、日本を中世から近世へと転換させるうえで重要な役割を果たしたことが分かってくる。

本書はこの明人が著した訪日ルポ『日本一鑑』に基づいて、戦国日本を海の物語として読み解く。それでは『日本一鑑』には、どのような情報が記載されているだろうか。その一端を少し紹介しておこう。

先に掲げた図で描かれた日本人は、頭頂の毛がなく刀を担いでいる。『日本一鑑』では日本人男性の頭髪について、『後漢書』などで倭人が入れ墨をしているなどの記載があるが、いまはそのようなことはない、と断った上で、

いまは皆、髪を剃り落とし、〔頭髪の〕左右の耳際の髪を少しばかり留めて、束ねて頭の後ろで髷《まげ》にする。俗に闘殺のときに髪がうっとうしいから、髪を剃るのだという。髪を剃る道具は、中程まで断ち割った竹片を、指で開いて髪の中に入れて、両手でねじって髪を抜く。彼らは、そりゃ痛いもんだよ、と言う。(『日本一鑑』「窮河話海」巻三「身体」)

月代《さかやき》を剃刀《かみそり》で剃るのではなく、毛根から抜いていたというのである。

一方、遊民の身なりについて、

遊民は仕事をせず、髪を整えることも怠っているので、剃っただけ〔髷を結うことはしない〕。以前から逆賊に従って中国で略奪しているものについて、日本の僧侶だと誤解されているが、実はこうした遊民なのである。こうした輩《やから》の髪は、左右の耳際の毛を根本から剃っているので、

〔一般の日本人と〕区別することができる。

鄭舜功の記載に基づくと、先の図に描かれた日本人は髷を結っていない。そこから、「遊民」だということになる。鄭は日本に渡って戦国時代の武士と深い交流を持った。そこで出会った日本人は、ステレオタイプのそれとは大いに異なっていたことを認識していたのである。

日本滞在中に鄭舜功は、先入観なく日本人の生きざまをつぶさに観察した。さらに、その政治体制や文化についても関心を寄せている。倭寇を鎮めるために、その配下のものを京都に派遣しており、中国から日本の京都にいたる海路について、類書にはない情報を提供してくれるのである。

本書では訪日中国人の手になるこの稀有《けう》な著作『日本一鑑』から、戦国時代の日本の実像に触れた箇所を抜き出していく。そこには、同時代の日本人が当たり前として記録しなかった日本人の姿や、日本人と接触した歴史の浅い西洋人が見落としている日本人の感性を読み取ることができる。本書を機にこの日本ルポの存在を知っていただければ、不遇な運命に翻弄された鄭舜功も喜ぶであろう。

戦国日本を見た中国人

目次

＊『日本一鑑』は三ケ尻浩校訂本を国立国会図書館のデジタルコレクションよりダウンロードできるが、筆写や返り点に疑問のある箇所が散見される。本書は『日本一鑑の總合的研究　本文篇』（校伽林、一九九六年）所収の民国二八年抄本の影印本を用いた。

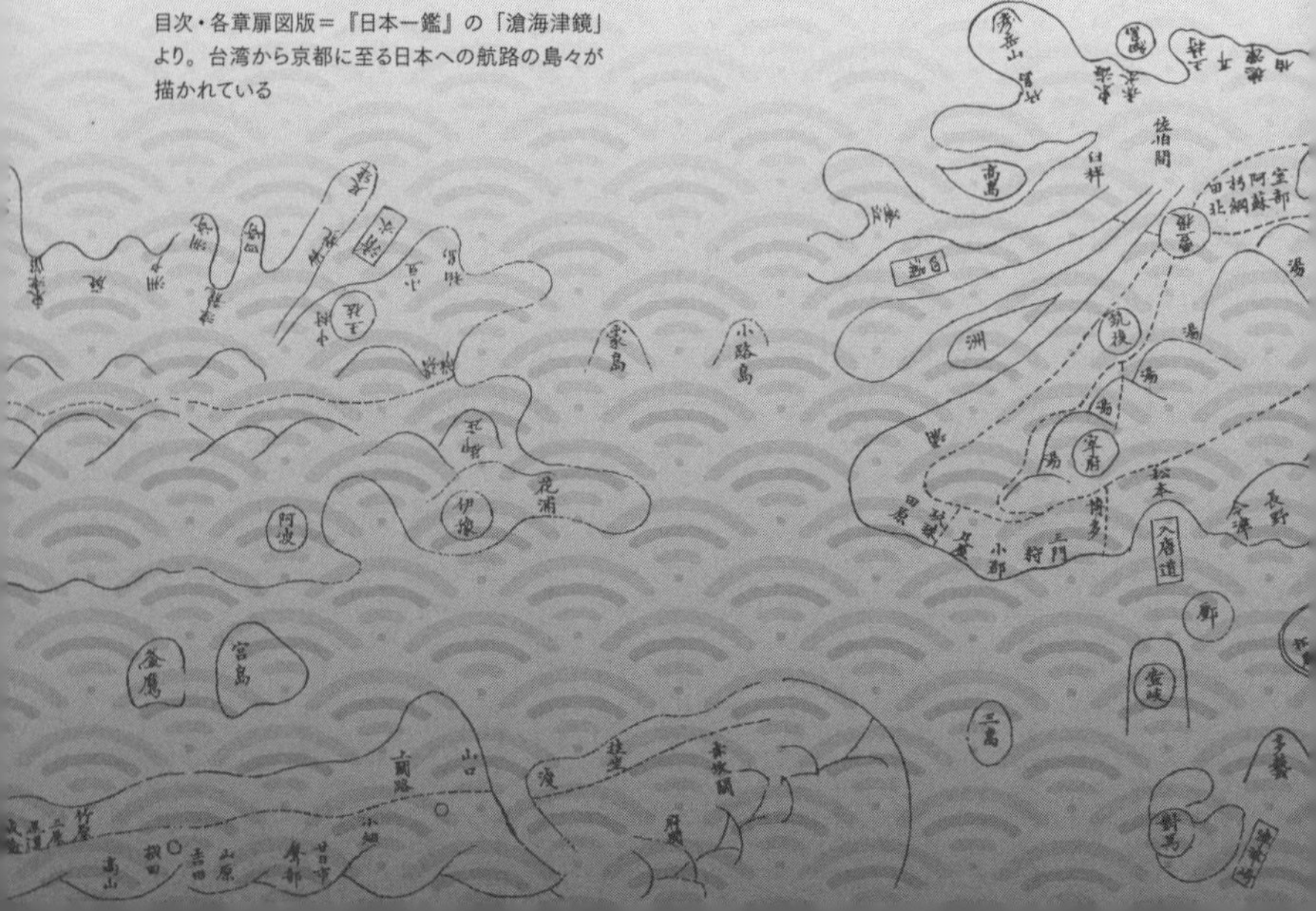

目次・各章扉図版＝『日本一鑑』の「滄海津鏡」より。台湾から京都に至る日本への航路の島々が描かれている

序章
中世の日本を俯瞰する

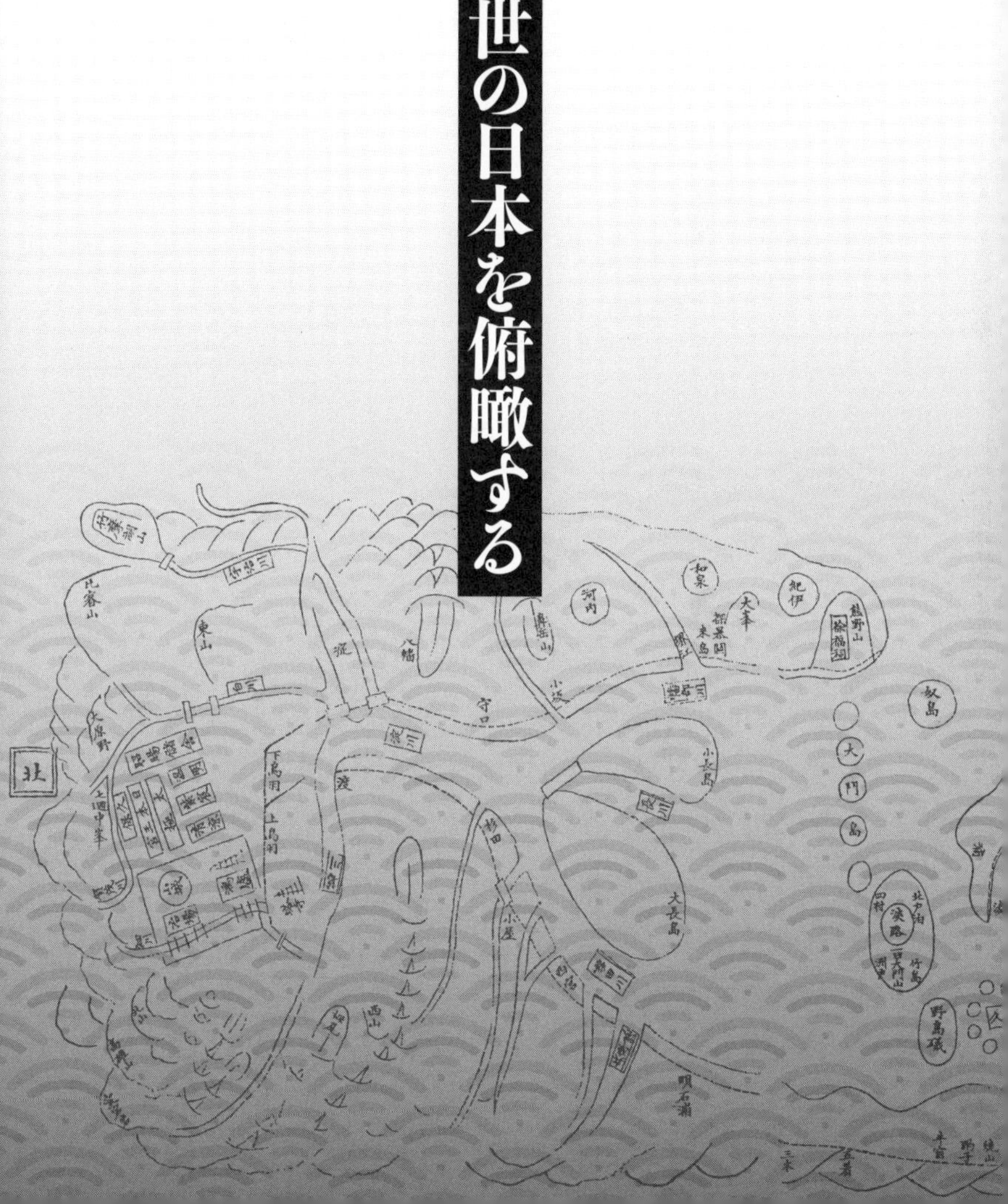

1　ポスト・モンゴル時代の日本

日本史の一コマとして戦国時代を見るのではなく、グローバルな視点で観るために、少し迂遠《うえん》ではあるが、ズームアウトしてモンゴル帝国以降のユーラシア史のなかに戦国日本を置いてみる必要があろう（上田、二〇〇五、文庫版二〇二一。上田、二〇二二）。

ユーラシアでは一三世紀後半、モンゴル帝国が拡大を続けていた。チンギス＝ハンの孫に当たるフビライは、モンゴル帝国のハーン位（遊牧世界の盟主）をめぐる弟のアリクブケとの戦争に勝利し、一二七一年に元朝を建て、一二七九年には南宋を滅ぼした。元朝を盟主とするモンゴル帝国のもとで、銀を用いた交易が活発に行われるようになった。フビライはその勢力圏を日本にまで拡げようと、二度にわたって日本への遠征を行う。

このいわゆる元寇《げんこう》は、失敗に終わる。しかし、第三の侵攻がないという保証はない。防衛を強化するために、鎌倉武家政権は九州に在住する御家人を動員するとともに、東国在住で九州に所領を持つ御家人を、九州に向かわせた。その結果、九州を中心に武士集団の基盤が強化されることになったのである（新田、二〇〇一）。たとえばそれまで鎌倉に常住していた島津氏は、元朝の侵攻に備えて薩摩国に下向し、地元の御家人を統率した。

時が移り一四世紀に入り、海に平安が訪れると、元から禅宗の僧が日本に来たり、日本の僧が元に渡ったりすることも、しばしばみられるようになった。元と日本との民間の貿易は、宋代に引き続いて行われるようになった。

日元貿易の実態は、朝鮮半島の南西沖で発見された新安沈船《しんあんちんせん》の遺物からうかがい知ることができる。この船は一三二三年に中国の現在の寧波《ニンポー》から日本の博多に向かっていたもので、大量の銅銭を積載していたことで知られている。こうした中国との貿易は、西国の経済力を向上させた。日本列島の経済的なバランスは、新開地の東国から貿易で栄える西国へとシフトしたと思われる。

鎌倉武家政権が倒れたあと、天皇と対立した足利尊氏《あしかがたかうじ》は、いったん西国に退き中国地方・九州の武士を糾合して京都を征圧する。その結果、尊氏は西国を後ろ盾とすることになった。こうして武家政治の重心は、東から西へと大きくスウィングすることになったと考えられる。東国では鎌倉公方《くぼう》が権威を保ったが、統一的な政権は畿内に置かれた。

足利氏が創建した政権は、「室町幕府」と呼ばれる。しかし、その名の由来となった京都室町、相国寺《しょうこくじ》の西隣に位置した「花の御所」は、一三八〇年代に建てられたもの。一三三八年に室町幕府が開かれた、とするのは奇妙である。また「幕府」という用語は、中国からの借用語で、本来の意味は出征中の将軍の幕営を指す。一個の政権を、幕府と呼ぶことはない。日本でも一四世紀から一八世紀まで、同時代の史料に「室町幕府」と記されることはなかっただろう。

鎌倉・江戸に置かれた武家政権と合わせて、政権が所在した都市の名を冠して呼ぶことにしたい。すなわち、室町幕府とせず、本書では「京都武家政権」と呼ぶことになる。

一四世紀なかば、元朝は衰退し東シナ海を統制できなくなる。銀に基づく財政は破綻し、交鈔《こうしょう》と呼ばれる紙幣を、裏付けなく発行したために経済が混乱した。日元間の交易は不安定となった。塩の密売を行っていた方国珍《ほうこくちん》が一三四八年に浙江で、一三五三年に張士誠《ちょうしせい》が江蘇で反乱を起こすと、寧波と博多を結ぶ正規の航路を迂回し、朝鮮半島を経由する交易路や、琉球列島を経由する南島路が重要になる（榎本、二〇〇七。伊藤、二〇二二）。

こうした航路の変更に対応して、百済《くだら》の王子の後裔《こうえい》と自称して朝鮮半島との関係を深めた周防《すおう》の大内氏、薩摩半島の交易港を擁した鎌倉武家政権御家人を出自とする島津氏、東シナ海と瀬戸内海とを結ぶ要所である豊後の守護に任じられていた大友氏などが、勢力を持つようになる。こうした西国の勢力の登場が、動乱の帰趨《きすう》を決することになるのである。

ユーラシアのなかの日明関係

大陸に目を転じよう。

漢民族が明朝を建て、一三六八年に元朝の政権をモンゴル高原に退ける。元末に貨幣経済が壊滅していたために、明朝は現物の徴収と労働力の徴用で国家を維持しようとした。国外との交易においても、民間の貿易を抑制した。また、モンゴル帝国の威光が依然として残るユーラシアから中国を切り離すためには、明朝皇帝を頂点とするあらたな秩序を提示する必要があった。明朝は対外関係を朝貢によって行うこととしたのである。明朝皇帝と周辺諸国の君主とのあいだの儀礼的な関係に基づいて、周辺諸国から「方物《ほうぶつ》」と呼ばれる貢物を、明朝からは「回賜《かいし》」と呼ばれる返礼品を贈り合う朝貢の枠内に、交易を限定した。

明朝は海を統制することができなかった。西日本の武士や商人、漁民のなかに、集団で船を襲い、大陸沿岸を荒らして品物を奪うものが現れると、明朝は海外諸国との交流に対する制限を強化し、公式の朝貢以外の人々の往来を禁止した。これを「海禁」と呼ぶ。

明朝は内陸の勢力に対しても、朝貢以外の交易を制限した。モンゴル高原においては、フビライの系譜を引く高原東方のモンゴルと、かつてフビライとハーン位を争ったアリクブケの子孫を推戴した西方のオイラトとが覇権を争っていた。明朝は両者を反目させる政策を行い、力を削《そ》ごうとした。しかしモンゴル高原全体を統合し、高原からシルクロードを経て東西交易を行おうとする勢力が現れると、明朝は首都・北京の近くまで攻め寄せられるという危機に直面することになった。

明朝は日本から大量の刀を輸入した。その背景には、モンゴル高原からの軍事侵攻に対して、日本刀が有効な武器となったことがある。いわゆる元寇のときに、モンゴル兵と対峙した日本では、日本刀の改良が行われ、遊牧民が着込む皮革製の防護服を切り裂けるようになったとされる（宮﨑、二〇一八）。明朝の辺境で、モンゴルの侵攻を食い止める最前線で、日本刀は必要とされていたのである。鄭舜功も『日本一鑑』に、日本刀に関する詳細な情報を記載している（本書第三章）。

京都武家政権の基盤を固めた足利義満《あしかがよしみつ》は、朝貢に則《のっと》った貿易を始めた。日本からは刀剣・銅・硫黄・漆器などを輸出し、中国から銅銭・生糸・絹織物・書画・陶磁器などを輸入した。この日明貿易のルートは、中国浙江の寧波から東シナ海を渡り、日本九州の博多を経て瀬戸内海を航行して兵庫にいたるものである。

この京都武家政権は、朝廷が持っていた政治的・経済的な権限を次第に吸収し、全国を支配する唯一の政権となった。地方では守護が軍事費を取り立てるなどの強い権限をあたえられ、領内の武士をまとめるようになる。将軍の補佐役として管領が置かれ、細川氏などの有力な守護が任命された。この京都武家政権は、お金の貸し付けなどを行っていた土倉《どそう》や酒屋《さかや》を保護するかわりに税を取り立てたり、関所を設けて通行税を取ったりして収入を得た。

明朝が公認した交易を、突き崩す変化が一五二〇〜三〇年代の日本で起きる。石見国《いわみのくに》東部（現在の島根県大田市大森）で、博多商人のもと、銀山の開発が進んだのである。資金が投入され、多数の鉱夫が集められ、さらに大陸から灰吹き法と呼ばれる精錬法が導入されることによって、銀の産出量が増大した。

灰吹き法の工程は、まず銀鉱石と鉛を溶かして合金を作り、その合金を炉内に敷いた灰の上に載せ、炉内を熱する。酸化した金属は表面張力が弱まる。高温になると酸化した鉛は卑金属を取り込んで、ともに灰に吸収されるが、酸化されにくい銀は灰に吸収されずにコロコロと灰のうえで玉となり、冷却すると銀塊として残る。こうして純度の高い銀を得ることができた。

中国では一五世紀なかば以降、現物・労働力を直接に国家が取り立てる体制から、徐々に銀で徴収する税制へと変化していった。蘇州や杭州といった江南の大都市や、北方の防衛ラインでは、銀が流通するようになり、銀に対する需要が増え始めていた。そこに一六世紀なかばから、日本産の銀が流入するようになる。朝貢に基づく交易だけでは、この銀の奔流をさばくことができない。こうした大局的な状況のもとで、中国商人による日中間の密貿易を押しとどめることは不可能であった。

鄭舜功が日本に渡った時期のユーラシアは、ざっとそのような状況にあったのである。

戦国時代の画期

鄭舜功が日本に渡った一五五六年は、戦国時代の転機でもあった。戦国時代の起点については、近年、議論のあるところで、地域的な差異を考慮すると、一四六七年に始まる「応仁の乱」で日本全体が一斉に戦国乱世となったわけではないようである。いずれにせよ、地方に下向していた守護を巻き込んで、有力守護が権威を求めて争う状況が、一五五〇年代に全国レベルで大きく転換する。

守護は、国ごとに、京都武家政権から軍事指揮・行政を任されて支配を行っていた。守護たちの権威の拠り所は、京都武家政権から付与された守護職である。

日明関係で重要な役割を果たした守護は、大内氏と細川氏である。一六世紀前半に大内氏は周防・長門・石見・豊前《ぶぜん》・筑前《ちくぜん》・安芸《あき》の守護職を兼務した。その範囲は中国からみた場合、九州北部から畿内に向かう航路の要衝を抑えている。一方、細川氏はその一門で、丹波・摂津・阿波・讃岐・土佐・淡路などの国の守護となった。瀬戸内海か太平洋かいずれを経由したとしても、中国からの交易船が畿内に入るとき、その領国の沿岸を経なければならなかった。こうした地理的な条件にもとづき、京都武家政権が明朝に朝貢する権利をめぐって、大内氏と細川氏とは争うことになった。

守護が統治する領国内で、地域に密着した国人《こくじん》（在地の武士集団）との結びつきの強い領主層が現れてくる。そのなかから、のちに戦国大名として、勢力を競い合う人物が現れてくる。複数の国を兼任する守護は、兼任した国の政務を代行させる守護代を置いた。守護代は地域に密着して領国の統治を掌握する。また、地元の勢力に基盤を置く国人のなかからも、成り上がろうとする動きが活発になる。

阿波守護細川氏の被官《ひかん》（守護に従う国人領主）から成り上がった三好氏は、摂津の守護代となり、さらに一五四九年に細川氏から実権を奪い、四国東部のみならず畿内一円に勢力を伸張させた。

一方、守護であった大内氏は国人を統括しようと試み、戦国大名へと脱皮しようとしたが、一五五一年に家臣の陶《すえ》氏に権力を簒奪《さんだつ》される。鄭舜功が日本に渡った前年、一五五五年一〇月に陶は、安芸の国人から成り上がった毛利氏に「厳島《いつくしま》の戦い」で敗れ、鄭が日本を去った翌年、一五五七年に毛利氏によって大内氏は滅亡する。

毛利氏が西国の戦国大名へと飛躍を遂げる契機となった厳島での戦闘は、守護から同じく戦国大名への路を歩もうとした今川氏が、尾張の一地方領主であった織田氏に敗れた「桶狭間の戦い」(一五六〇年)になぞらえられることがある。いずれも守護が相争う時代から戦国の時代へと、大きく転換したことを象徴する戦闘であったのである。

日本に渡った鄭舜功は、この転換の時期の日本を観察することになる。

戦国時代の転機は、一般に鉄砲伝来に求められている。通説では、一五四三年に中国人を船主とする船が種子島に漂着、同乗していたポルトガル人によって日本に鉄砲が伝えられた。鉄砲が日本国内に広まると、戦い方や武具、城の造りなどが変化し、全国統一の動きが加速、織田信長によって統一事業が進められる。信長の死後、豊臣秀吉が戦国時代に終止符を打ち、日本の歴史は近世へと展開していく、と教科書などでは記述されている。

こうした語りは、再考の余地があるだろう。

鉄砲が信長・秀吉による全国統一の動きを加速したとするが、考察すべきは火薬や銃弾の原料である。火薬・銃弾がなければ、鉄砲は単なる中空になった鉄の棒に過ぎない。黒色火薬の原料の内、木炭と硫黄とは日本国内で入手することが可能であった。しかし、硝石は国内で生産する方法もあったが、大量生産することはできない。また、弾丸に適した鉛を入手するにも、国内の鉱山でまかなえる量は限られ、大規模な戦争に必要な量を確保することはできなかった。いずれも海外からの輸入に、頼らなければならない。これらの軍需物資は、海のルートでもたらされた。新たな武器、鉄砲を活用できるということは、こうした「海のルート」を掌握する、ということなのである。

この軍需物資のサプライチェーンに深く関わった中国や日本出身の密貿易商人のなかから、明朝の取り締まりに抗して武装し、海賊稼業に手を染め中国各地を荒らし回る一派が現れ、「倭寇」と呼ばれ恐れられた。鄭舜功は倭寇を鎮める手掛かりを求めて、日本に渡ることとなったのである。

一六世紀なかばの日本をめぐる海上ルートについて、『日本一鑑』は詳細な情報を伝えてくれる。その記載を読み進めていくと、戦国時代の日本の歴史は、応仁の乱から関ケ原の合戦へという「陸の物語」ではなく、実は日本からの銀の輸出と海外からの硝石・鉛の輸入を主軸とする「海の物語」であったというイメージが、しだいに像を結んでくるのである。

2　『日本一鑑』と著者・鄭舜功

『日本一鑑』の位置づけ

西暦一五五六年六月、中国の嘉靖三五年五月、日本の弘治二年五月、鄭舜功は日本を目指して中国の広州から出立した。

一六世紀なかば、嘉靖大倭寇に襲われた中国は緊迫した情勢のなかにあった。鄭は中国は明国の「布衣《ふい》」、つまり無位無冠の身でありながら、緊張緩和の路を探るという志を立てて日本に渡り、半年のあいだ情報収集を行うとともに、日本の有り様をつぶさに観た。しかし帰国するも、鄭の功績は認められず、投獄される憂き目にあう。

古くは漢の武帝の時代に、西域の情報を伝えた張騫《ちょうけん》がいた。鄭はみずからの日本探訪の功績は、それに勝るとはいわないまでも、決して劣りはしないと自負していた(『日本一鑑』「窮河話海」巻一の冒頭の一節)。観た光景、聴いた言葉、交わった人々、そして考えぬいた事柄などを後世に伝え、役立てられることを願って、一書を著した。これが本書で読み解いていく『日本一鑑』である。しかし、鄭の願いはむなしく、この力作は写本で伝わるだけで、広く世に知られることはなかった。『日本一鑑』は、同時期の唯一の日本誌ではない。

一五二三年に大内氏と細川氏の使節が寧波で引き起こした「寧波の乱」あるいは「寧波事件」と呼ばれる乱闘が、中国における日本に対する関心を惹起《じゃっき》した。この事件の詳細は、本書第一章で紹介することになるが、中学校の教科書(『新しい社会　歴史』東京書籍)の一節によると、「名誉を重んじ恥をきらう態度や、武士らしい心構え」、一言でいえば「武士《もののふ》の道」に起因したものであった。しかし、その態度は外からみた場合、理不尽であり理解しがたいものがある。なぜあの争乱が起きたのか、凶暴な日本人へはどのような対策を採ればいいのか、この問いに答えようと、日本に関する著作が書かれることになったのである。

まず、一五二三年に刊行された『日本考略』がある。全三巻説と全四巻説があるが、現在残っているのは一巻約一万字である。作者は定海出身の薛俊《せっしゅん》である。寧波から川を下って東シナ海に出たところに、舟山《しゅうざん》群島があり、定海県はその西南の島に置かれていた。寧波事件が発生したとき、定海県の長官の鄭余慶《ていよけい》が、対応に当たった。事件直後に海上防衛の必要から、鄭余慶が薛俊に日本研究を命じた。薛は正史など文献資料を精査し、『日本考略』をまとめたのである。（武・熊、一九八九）。『日本考略』には日本地図一枚が付され、日本語単語を中国語漢字での音読の形で記録した「寄語略」という項目が収められている。

一五五〇年代に猖獗《しょうけつ》を極めた倭寇への対策として編纂に着手された書籍が、一五六二年に刊行された『籌海図編《ちゅうかいずへん》』である。編者の鄭若曽《ていじゃくそう》は江蘇崑山人で、監生（国立大学に当たる国子監の学生の身分保持者）であった。一五五五年から倭寇対策の総指揮を採っていた胡宗憲《こそうけん》にその才能を見込まれ、その幕下に加わり情報収集を主に担当した。鄭若曽はまず、水夫・商人・使者・倭寇あるいは倭寇に関わった人々から聞き取った情報をたよりに、『日本図纂』と『万里海防図論』を編纂し、一五六一年に刊行した。『日本図纂』の冒頭には、詳細な「日本図」と「日本入寇図」を掲げ、日本の地理・言語・風俗や、日明通交の沿革などが記載されている（中島楽章、二〇二一b）。その後、蔣洲《しょうしゅう》・陳可《ちんか》願《がん》などの日本渡航経験者を情報源にして、『籌海図編』を完成させた。蔣洲らは本書第二章で紹介するように、鄭舜功のライバルとしてほぼ同じ時期に日本に滞在した人物である。

『籌海図編』は倭寇対策を軸にして、軍船や兵器、倭寇の戦い方とそれへの対策などを詳述しており、いわば日本を仮想敵国とする海防の書である。日本の状況についても類書に見られない情報を記載しているが、日本や日本人を理解しようとする視点は、欠如している。その後、日本と中国とは、秀吉の朝鮮侵略戦争「壬辰戦争《じんしん》」など衝突することもあり、日本への軍事的な対応の参考書として、明清両代において数度にわたり刻印再版を重ねた。壬辰戦争の際に、明朝側の総指揮官に献呈された『全浙兵制考』附載の『日本風土記』なども、『籌海図編』の影響を受けている。

『日本考略』『籌海図編』など、一六世紀なかばには、日本の情報をまとめた書籍が、他にも世に出ていた。しかし、鄭舜功が著した『日本一鑑』は、類書にはない特徴を備えている。中国の人士の多くが、日本および日本人を知らずして日本を語るなかで、日本とは何か、日本人の行動の背景にある心情はどのようなものか、鄭は観察に基づいて理解しようとする姿勢を保っているのである。

『日本一鑑』の構成

『日本一鑑』は「㴩島新編」全四巻・「窮河話海」全九巻、「桴海図経」全三巻の三部一六巻からなる。「㴩島新編」は日本の地理書で、地図を掲載するとともに、王宮図や京都の街路「山城坊市図」などを掲載したうえで、日本の山川や島々の名称、地名や館、寺社の名称、家屋や用度品、動植物の名称などが簡単に注釈されている。「窮河話海」は主要な記述を収めた部分であり、本書の第一章・第二章・第三章は、主にこの「窮河話海」に拠っている。「桴海図経」は中国から日本までの航路を記し、実際に鄭舜功が渡ったルートについては七言詩全一二〇句で叙述する「万里長歌」、航路の目印となる島などを図示した「滄海津鏡」、朝貢使節が往来するルートを述べた「天使紀程」の三巻から成る。本書の第四章は、おもにこの「桴海図経」を検討したものである。

『窮河話海』の全体像を示すため、その項目を掲げておこう。

巻一　本伝・天原・地脈・水源・時令・種族・氏姓・国君・職員
巻二　疆土・城池・関津・橋梁・道路・室宇・人物・珍宝・草木・鳥獣・器用
巻三　集議・国法・礼楽・巡行・綵色・服飾・男女・身体・冠笄・婚姻・農桑・紡績・樵牧・漁猟・飲食・薬餌疾病・喪祭・鬼神・仏法
巻四　文教・書籍・文字・称呼・事説・詞章・風土
巻五　寄語
巻六　流航・海市・流逋・被虜・征伐
巻七　奉貢・表章・咨文・勘合・貢期・貢人・貢物・貢船・貢道・風汛・水火・使館・市舶・賞賜・印章・授節
巻八　評議
巻九　接使・海神

巻五の「寄語」は、一種の「日本語辞典」で、ここでは、天文から鳥獣・花木、身体・衣服・飲食などの項目ごとに、日本語の発音を漢字の音で表記する。表記方法は『日本一鑑』では「いろは」の順で示されているが、わかりやすく五十音順に並び替えると、次のようになる。

押ア	易イ	烏ウ	耶エ	堝オ
佳カ	気キ	固ク	杰ケ	課コ
腮サ	世シ	自ス	射セ	梭ソ
太タ	致チ	茲ツ	迭テ	大ト
奈ナ	乂ニ	怒ヌ	業ネ	懦ノ
法ハ	沸ヒ	付フ	穴ヘ	荷ホ
邁マ	密ミ	慕ム	蔑メ	目モ
耀ヤ		右ユ		欲ヨ
剌ラ	利リ	路ル	列レ	六ロ
歪ワ	異ヰ		瑘ヱ	阿ヲ
乂ン				

本書では寄語で記された部分は、この対応表にもとづいて〈 〉内にカタカナで表記することにしたい。例えば「天」に割注で「梭剌」と寄語による発音が記載されているものを、「天〈ソラ〉」とする。「寄語」などに記された日本語の発音は、中世の日本語に関する貴重な一次資料であり、すでに整理と検討が加えられている（木村編、一九九五）。

本書の内容

本書では、この『日本一鑑』をもとに戦国時代の日本を新たに描きなおしていく。まず筆者の鄭舜功がなぜ日本に向かったのか、シナ海における海賊の横行がどのようにして始まるのか、その経緯を主に『日本一鑑』の記事から探っていく（第一章）。そののち、鄭舜功の足跡を訪ねてみよう。彼の出身地は、明朝から海賊の頭目と見なされた王直《おうちょく》の郷里でもある。中国の広州を出帆して九州の豊後に到着するまでの航海について、鄭の苦難を織り交ぜながら俯瞰する。さらに日本での行動を概観する（第二章）。

鄭舜功は明と日本との関係を正常化するために、配下のものを京都に派遣し、足利将軍に代わって京都武家政権を担っていた三好長慶《ながよし》と交渉する。その企図を成功させるために、日本事情を徹底的に調べたのである。その調査の成果は、第三章で紹介することになる。その記述は、一六世紀なかばの日本を、異邦人がどのように理解したのか、興味深いものがある。日本人の立ち居振る舞い、日本の言葉や文化に関する記録は、戦国日本のルポともなっている。

第四章では、日本をめぐる路を検討する。大陸と列島とを結ぶ「気」の路、中国から九州を経て畿内にいたるまでの海路などを取り上げることになる。それまでの中国で書き残された日本の地理情報は、大陸に対する日本の玄関になった九州に偏っていた。日中間の航路についても、九州に至るまでのルートについては、所要の日数や方位など詳細な情報を記録しているが、日本の海域における海路については、ほとんど記録を残していない。そのなかで『日本一鑑』では、鄭舜功が京都の政権と交渉を行うという目的を持っていたため、九州から畿内へと向かうルートについて、類書には見られない情報を記している。

和船は遠洋航海には適していなかったため、陸の地形を頼りに航行せざるを得ない。日本に残された航路に関する情報は、おのずと沿岸ルートに限定されることになる。一方、一六世紀には中国のジャンク船、ポルトガルのナウ船やスペインのガレオン船は、長期間の遠洋航海が可能であった。『日本一鑑』からは、当時の日本人にとって知られざる外洋ルートの存在を垣間見ることができる（以上、第四章）。なかでも太平洋ルートは、その後の日本の歴史に大きな影響を与えたと考えられる（終章）。

終章では本書に登場した人物の最期を紹介して、筆を措《お》くことにする。

本書の執筆に向けて先行する論考を調べてみると、日明関係や倭寇の研究、中世日本語の史料としての分析、日本沿岸の海路の検討など、数多くの研究者が言及していることがわかった。しかし、いずれも断片的に利用するだけで、『日本一鑑』の全体像や著者の鄭舜功がこの著作に込めた想いなどを論述したものは見当たらなかった。本書では言及できなかった内容も、まだ多く残されている。本書が契機となり、『日本一鑑』の研究が進展することを願っている。

第一章 荒ぶる渡海者

鹿児島（錦江湾・薩摩半島）・
甑島・五島列島周辺

鄭舜功が日本に渡ることになった理由は、一六世紀なかばに日本を拠点とした渡海者たちが、中国の沿岸を荒らし回ったところにある。その背景には一五世紀はじめに朝貢というかたちで始まった日中の交流が、朝貢貿易を制限したいという明朝側の思惑と、日本側の足利将軍の権威失墜という事態のなかで、滞ったことがある。

一五五〇年代のいわゆる「嘉靖大倭寇」がなぜ出来《しゅったい》したのか、一五二〇年代の「寧波事件」にさかのぼって見ていこう。「寧波の乱」とも呼ばれることがあるが、本書ではなるべく価値観を伴わない用語に統一して、「乱」とはせずに「事件」とする。

1　寧波事件の衝撃

「前期倭寇」と「後期倭寇」

『日本一鑑』の著者である鄭舜功が日本に渡った動機は、シナ海の中国沿岸に甚大な被害を与えていた海賊を鎮めるところにあった。同時代の中国の史料では、「海寇」と記載されるその海賊は、一般に「倭寇」として知られる。

「倭寇」ということばは、もともと名詞ではなく、一三世紀に日本の方面から、武装した一群の人々が朝鮮半島沿岸で襲撃・略奪を繰り返したことを、「倭が寇《あだ》する」と記載したことにさかのぼる。「寇する」とは、侵入してものを奪いとる、荒らしまわる、乱暴を働くといった意味を持つ動詞である。記録に残る最初の事件は、一二二三年に朝鮮半島南部の金州（現在の金海。釜山の西隣の地域）が襲われた出来事にさかのぼる（『高麗史』世家、巻二二。高宗一〇年五月甲子条）。しかし、その後も海上の武装集団により、朝鮮半島から中国の黄海沿岸を襲撃する事件が繰り返されたため、やがて海賊行為を繰り返す集団を指す名詞として通用するようになったのである。

序章で取り上げた中学校の歴史教科書では、「倭寇」という用語が三ヵ所で登場する。まず、一四世紀に明朝が、モンゴル帝国の盟主であった元朝をモンゴル高原に退けたころ、西日本の武士や商人、漁民のなかに、朝鮮半島や中国沿海地域を襲撃し、品物を奪うものが現れたとする。それから二世紀を経た「鉄砲の伝来」を説明する箇所で、中国人倭寇の船に乗ったポルトガル人が、種子島に鉄砲を伝えたとする。さらに戦国時代を終わらせたとする秀吉が、倭寇などの海賊を取り締まる命令を出して、貿易船の安全を図ったとも記す。

高等学校の教科書では、活動した時期に応じて、倭寇を前期と後期に区分することになる。一四世紀に活動した「前期倭寇」は小集団で、朝鮮半島や黄海沿岸で略奪を繰り返した。使用した船は、おそらく平底の和船であっただろう。すべて日本に拠点を持っていたか否かは、議論が分かれるところであり、また、「日本人」というアイデンティティが確立するまえの時代に、「倭」を日本人と見なすことはできないという意見もあるが、ここでは論じない。

一方、一六世紀の「後期倭寇」は、活動の範囲が黄海ではなく東シナ海に移り、規模も大きくなり、しかも互いに連携を取りながら活動を行うようになる。ときに大船団を組んで活動した。後期倭寇の主要な構成員は、明らかに中国出身の人間であった。

『日本一鑑』では、海に乗り出し、日本に拠点を移した中国出身者を、「流逋《りゅうほ》」と呼んでいる。「逋」には「逃げる・逃亡する」という意味があり、「明朝の官憲の取り締まりを逃れて、日本に流れ着いた人々」ということになる。本書でも繰り返し「流逋」という言葉を用いるので、記憶に留めておいて欲しい。

一六世紀の海賊の起源

一六世紀の海上勢力の栄枯盛衰について、『日本一鑑』には、類書にはみられない記載が多くみられる。鄭舜功は日本に関する文献資料を渉猟《しょうりょう》したうえで、彼の独自の見解を記している。たとえば、海賊のなかに多くの中国人が加わるようになった経緯について、次のように述べている。この時代の中国の事情に精通していないと、理解が難しいとは思うが、まずは、『日本一鑑』の記述の特徴を示すために原文に即して訳しておこう。

明の嘉靖癸未《きび》（一五二三年）に福建の市舶太監《しはくたいかん》の趙誠《ちょうせい》が、次のように奏上してきた。「海上の夷人〔日本人〕数十人が、暴風に遭遇して船が漂流して〔福建の〕海岸を逃げ回って乞食をしているところを捕まえられた。即刻、関から追い出して〔辺境の前線に送り〕、食料を与えて兵として〔辺境の〕防衛に当たらせるか、〔彼らのために〕便を図って、本国に追放して帰らせるのか、いかがしましょうか」と。

また、広東の掲陽《けいよう》県の大家井《たいかせい》の民の郭朝卿《かくちょうけい》は稲を売るために、海路で漳州と泉州（ともに福建）まで航海しようとしたところ、暴風に遭遇した。日本に漂流したものの、すでに〔中国に〕帰還している。

そのような出来事によって、日本へ行く海の航路が知られるようになり、資財を売り密貿易するようになった。さらに、中国の沿岸で罪を犯した者が、日本へ逃亡するようにもなった。彼の地の〈島主〉（五島や平戸の領主）は、逃げてきたものが罪を犯したとも知らず、哀れに思い、〈唐人〉に多くの証票を与え、そして領内を周遊させた。さらには、別の島の主（豊後の大友氏）は、本島の主（周防の大内氏）と親戚関係であったので、〔漂流者の〕窮地を救い、自活できるようにした。

こうして〔中国の〕犯罪者は、日本で強固な地盤を造ってしまった。歳月を重ねる内に、日本人を引き込んで海上貿易を行うようになり、ついに〔中国の辺境を〕寇する災難が起きるようになったのだ。（『窮河話海』巻六「流航」）


この箇所は、いわゆる「後期倭寇」が始まった理由を説明している。まず、注目すべき点は、鄭舜功が、倭寇の中核は中国から日本に渡った密貿易人や犯罪者であり、日本の大名たちは彼らが明の官憲から取り締まりの対象となっていることを知らずに関係を深めた、としている点である。この点は、「日本人が悪い」と決めつける同時代の他の評者と、視座を異にする。

情報源として、鄭舜功が日本に関する文献を渉猟していることも、この箇所から見て取ることができる。引用冒頭の市舶太監趙誠の上奏文のくだりは、一五〇八年に科挙を経て官僚となった夏良勝《かりょうしょう》（一四八〇〜一五三八年）が記した「勘処倭寇事情、以伸国威、以弭後患疏（倭寇の事情を調査・処理して、以て国威を発揚し後の災いを根絶する意見具申書）」（『四庫全書』史部、詔令奏議類・奏議之属「名臣経済録」巻四二所収）から鄭が孫引きしている。出典にあたってみると、一五二三年に勃発した「寧波事件」に関する記事であることが分かる。

一方、広東の郭朝卿が日本に漂着してから帰国したという一件は、他の史料で確認することができない。おそらく、鄭舜功自身が独自に収集した情報であろう。こういった情報は、裏付けを取ることはできないが、『日本一鑑』の独自性を示すものであり、この書の史料としての価値を高めている。

寧波事件の発端

一五二三年に福建に流れ着いた日本人に関して市舶太監の趙誠が上奏した一節は、寧波事件の事後処理との関連で夏良勝の上奏文に引用されている。なお、「太監」とは皇帝に仕える宦官《かんがん》の機関の長官のこと。寧波事件は、シナ海域で海賊の活動が活発化することと、無関係ではない。その顛末を、かいつまんで紹介しておこう。

一五世紀初頭、足利義満（源義満）が「源道義」という標識で明朝から「日本国王」と認められたときから、明朝と京都武家政権との往来が始まった。明朝は日本から来た朝貢使節に対して、その時点の明朝の年号が記載された一〇〇枚の勘合を与える。勘合と勘合底簿は、割り印が押されており、照合することで勘合の真贋《しんがん》が確認されることになる。

中国側の勘合底簿は、寧波を管轄する浙江布政司（省レベルの民生を担当する役所）と北京の礼部が保管する。日本から中国に向かう使節は、日本との交易港と指定された寧波で勘合を提出し、正規の使節であることが認められるのである。使節が北京に上ると、礼部で照合が行われることになる。明朝皇帝が代替わりして新たな年号が定められると、前の年号が記された勘合は無効となり、新しい年号の勘合が支給される。

このメカニズムが、一六世紀になると破綻する。京都武家政権が弱体化し朝貢を実行できなくなったため、細川氏と大内氏とが、朝貢を代行するようになった。一五一一年に日本から出立した遣明船のうち、一号・二号船は大内氏、三号船は細川氏が、それぞれ明朝「弘治《こうち》」の年号の勘合を携えていた。このときの使節は、北京ではなく副都であった南京に赴き、そこで下賜を受け、一五一三年に帰国した。明朝の年号は一五〇六年に「正徳《せいとく》」になっており、新たな勘合一〇〇枚が発給されていたが、これを大内氏が独占し、細川氏に渡さなかったのである。これが、一〇年後に、寧波の騒乱を引き起こすことになった。

中国の嘉靖二年四月二七日（一五二三年五月一二日）、大内氏が用意した遣明船が、寧波に到着した。正使を謙道宗設《けんどうそうせつ》とする一行は、正徳の年号が記載された勘合を携えていた。数日後、鸞岡瑞佐《らんこうずいさ》を正使とする細川氏の遣明船が、失効した弘治勘合を携えて到着した。有効な勘合を持ち、先に到着した大内側は、細川側の遣明使節よりも、圧倒的に有利な立場にあった。

ところが、細川遣明船に同乗していた日本在住の中国人・宋素卿《そうそけい》は、寧波市舶太監の頼恩《らいおん》に賄賂を贈り、大内側の使節を差し置いて、細川遣明船の方が先に入港検査を受けられるようにしたのである。しかも、正当な勘合を持っていた大内側は、「規則に合わない」とされてしまう。

寧波事件の顚末

賄賂を受け取ったとされる市舶太監について、説明しておく必要があろう（大川、二〇一六）。海上貿易関係の事務を所管する官署を市舶司と称し、交易港に置かれていた。歴史は古く、唐代にさかのぼる。明代には朱元璋《しゅげんしょう》（洪武帝）が内向きの政策に傾くなかで、一三七四年に明州（浙江）・泉州（福建）・広州（広東）に置かれていた市舶司が廃止される。朱元璋の死後、クーデタで皇帝の座に即《つ》いた朱棣《しゅてい》（永楽帝）は、一四〇三年に市舶司を復活させた。

市舶司の官署の役人を監督する役割は、宦官が担った。市舶太監が常駐する役所は、市舶太監府などと呼ばれ、市舶司の官署とは別に、省都に置かれた。日本との窓口に指定された浙江省の場合、市舶司は寧波に、市舶太監府は杭州に置かれ、朝貢使節が到着すると、太監は杭州から寧波に赴き、勘合や表文（異国の君主から中国皇帝への親書）を確認し、貢納品の管理と選別、使節への接待などを取り仕切ったのである。

宦官とは皇帝や皇族に仕える去勢された人物で、直接その主人に隷属する立場にある。その宦官が朝貢貿易を監督しているということは、明代の朝貢は中国と異国との関係であると同時に、中国の皇帝と異国の国王とのあいだの属人的な関係でもあることを示している。終章であらためて経緯を説明するが、一五六七年に明朝の対外政策が大転換される前まで、貿易と朝貢とは一体化されていた。貿易はすべて朝貢制度のもとで行うという原則があったため、朝貢貿易を監督する太監は、賄賂などで私腹を肥やすことが容易であった。

寧波の浙江市舶太監の頼恩も、相当の賄賂を受け取り、細川側の遣明使節を優遇したとするのが通説である。嘉賓堂で朝貢使節をもてなす宴会が催されたとき、頼恩は細川側正使の鸞岡瑞佐と宋素卿とを上座に迎え入れたのである。

こうした一連の不当な扱いに激怒した謙道宗設は、入港の際に差し出していた刀剣が保管されていた倉庫を襲撃して武器を取り出し、細川側の一行を襲撃した。嘉賓堂は焼き払われ、その場を逃れた鸞岡瑞佐は、追っ手によって惨殺された。さらに宗設は手下を従えて、宋素卿を追って西へ一〇〇キロあまり離れた紹興《しょうこう》まで疾駆した。宋を討ち果たせずに、宗設らは沿道で行く手を遮った民間人をも殺傷し、官吏を人質にとって寧波に戻り、船を奪って沖の定海から、揚揚と帆を上げて去ったのである。

寧波事件の余波

寧波事件の直後に書かれた夏良勝の上奏文を読むと、この騒乱の衝撃がいかに大きかったかが伝わってくる。その一節で、次のように述べている。

宗設が率いた一行は百十人に満たず、寧波府・紹興府の軍民は圧倒的多数であったにもかかわらず、残虐さをほしいままにしても、ついに誰一人として敵《かな》うものがいなかった。国に人がいても、狭苦しい島国の日本人に、〈華夏〉（中国）が見くびられ、城郭は蹂躙《じゅうりん》され、村里は破壊され、官吏は殺害され、軍の指揮官を人質に取られてしまうとは、国の恥辱を晒すことになったと、誹《そし》られることだろう。（夏良勝「勘処倭寇事情以伸国威以弭後患疏」）

寧波を立ち去った宗設の一行すべてが、無事に日本にたどり着いたわけではなかった。予定していない季節に寧波を出帆したため、日本に戻る風を捉えることができず、朝鮮半島に漂着し、そこで朝鮮の官憲に捕縛される。二名が生け捕りとなり、身柄は明に送られた。その日本人の名は「中林望古多羅」とあるが、一人の姓名「中林孫太郎」とすべきか、あるいは「中林と望古多羅」と分けて二人の名とすべきか悩むところではある。いずれにせよ捕まった二人は浙江に護送され、宋素卿と合わせて取り調べを受けた。

この取り調べの最中に、鄭舜功が引用している福建市舶太監の趙誠からの報告が届くのである。夏良勝は上奏文のなかで、福建に漂着した日本人も寧波の一件に関連している可能性があるとして、中林望古多羅から大内遣明船の一行の姓名の供述を取り、福建の漂着者の姓名と照合させるよう提案している。もし一人でも合致したら、宗設の一行である可能性があり、彼らの身柄を浙江に移送し、拷問を加えてでも実情を明らかにすべきだとする。

『日本一鑑』に記された宋素卿

騒乱の原因を作った宋素卿は、寧波府下の鄞県《ぎんけん》の出身で、本名を朱縞《しゅこう》という（山崎、二〇二一）。幼くして歌唱を習い、日本の朝貢使節の前で歌ったところ、大いに気に入られた。父親が日本人に借りた債務のかたとして、一七歳のときに日本使節の一員に身柄が預けられ、日本に渡ることになったとされる。日本では朝貢を滞りなく行うために、中国の事情に通じ、日本との交易港である寧波に人脈を持つ人材を必要としていた。朱縞はそうした要望に応え、名を宋素卿と改め、細川側の遣明使節とともに、渡海したのである。

『日本一鑑』は、宋素卿について、以下のような事情を記している。

　正徳乙巳（己巳の誤り、一五〇九年）に山崎（京都）の刺史《しし》（国主）の京兆大夫《けいちょう》の細川高国は、王（第一一代将軍の足利義澄）より勘合を得て、宋素卿と源栄春《げんえいしゅん》を〔中国に〕派遣し、孔子の儀礼を〔京都で〕行いたいと請うた。朝廷で議論し「中国の聖人を夷狄《いてき》に冒瀆されるのは許しがたい」ということになった。

　鄞県の住民の朱澄《しゅちょう》が、次のように申し出た、「素卿は自分の甥の朱縞で、昔その父が日本の使節と交渉して売買して損を出し、彼を穴埋めに差し出したのです」と。鎮巡（地方の軍事と民政それぞれの最高位の官僚）の上奏によれば、〔宋素卿らは〕裏では逆瑾（宦官の劉瑾《りゅうきん》）に賄賂を贈って、そのこと（朝廷の決定）を覆そうとし、表では〔この案件の〕専従の使節として派遣されて〔要望が却下されたことを〕憂え悲しんでいる。（『窮河話海』巻七「奉貢」）

寧波事件に先立って宋素卿がかかわったこの一五〇九年の事件も、日本側の事情によって複雑な経緯があった。

三年前にさかのぼる。一五〇六年、日本ではその時の日本の年号で「永正」のときに、明への朝貢が企画された。三隻の遣明船が仕立てられたが、そのうちの二隻は大内氏、一隻が細川氏のものであった。ところが正使を乗せた「永正度遣明船」は、堺を出帆したものの、大内氏の事情のため山口に三年間も逗留《とうりゅう》することになった。

細川宗家にあたる京兆家《けいちょうけ》の細川高国は、大内氏よりも遣明船が少ないことに不満を持ち、別に一隻を仕立てた。これが宋素卿が渡海したときに乗った船である。大内氏を出し抜く形で出帆した船は、堺から南に進んでから西に転じて土佐沖を通って、一五〇九年に寧波に到着した。

おそらく宋が持参したと思われる文書が、『異国出契』に残されている。誰の手になる文書か明らかにされていないが、おそらく細川高国がしたためたものであろう。そのなかで「朱素卿なる人物が、華語をよくしているので、私は彼をよく遇している」と、本名の姓「朱」を冠して宋素卿を紹介している。さらに素卿を送り出した理由として、「今回は、朝貢の通例として三隻を派遣するほかに、四号船を派遣し、素卿をその綱司に、源栄春を居座に任じて、ことを掌《つかさど》らせました。その心は、我が都邑《とゆう》(京都)に孔子廟《びょう》を建て、民を教育して学問を興したいと願っているからです」とし、最後に「素卿は〔日本と中国の〕両地に通じており、二邦の心情に達しており、私が願っていることを必ず説明してくれるでしょう」と述べている。なお、『異国出契』は、一三世紀から一六世紀の日本とアジア諸国とのあいだで交わされた文書を収録した抄本で、内閣文庫に収蔵されている。国立公文書館のデジタルアーカイブから、ダウンロードすることができる。

宋素卿と宦官

本来、規定に則った朝貢船が到着し、正使が「表文」と呼ばれる日本国王から明朝皇帝宛ての正式な国書を提出したのちに、使節は明朝の公式行事への出席が認められる。ところが、宋素卿らは北京に赴いて、翌年正月の行事に参加したと考えられる。なぜ、そのような規定外のことが起きたのだろうか。

『明史』列伝「日本」の条には、明の正徳五年の春（一五一〇年一月）に、日本の源義澄（足利義澄）の使臣・宋素卿が朝貢してきたとき、素卿は宦官の劉瑾が権勢を誇っていることを知って黄金一千両を贈り、「飛魚服」（異国の使節に与えられる官服）を賜ったとある。劉瑾とは、『日本一鑑』の記事にみられる「逆瑾」である。皇帝のお気に入りの宦官で、皇帝が政務に熱心でなかったのをいいことに、自ら政治を壟断《ろうだん》し、私腹を肥やしたとされる。中国史を通じて悪名がとどろく宦官の一人である。宋素卿が帰国した数ヵ月のちのことになるが、正徳五年（一五一〇年）の八月に、重ねた罪のために糾弾され、身体を生きながら三日間、少しずつ切り刻む「凌遅処死」の刑に処された。鄭舜功がその名に「逆」を冠したのは、明人であった鄭にとって、劉瑾は極悪人であったからである。

宋素卿が正使の到着を待たずして北京にのぼり、儀式に臨むことができた裏には、宦官に賄賂を贈ったことがあったとみて、おそらく間違いないだろう。孔子廟を日本の京都に勧請《かんじょう》するという細川氏の要望が却下されたあとも、その決定を覆そうと宦官に追加で賄《まいない》を贈ったと考えられる。寧波事件の前にも、宋素卿は宦官のコネを使って、事を運んでいたことが分かる。

話を寧波事件に戻そう。事件のあと、明朝のなかでも、悪いのは大内側の使節の宗設であるとして、宋素卿を釈放して日本に事後処理を厳命するという案も議論された。しかし、事の発端は、宋素卿が宦官の頼恩に賄賂を贈ったことにあるとして、宋と頼恩の処罰を求める意見が出された。二年後の一五二五年に朝鮮から身柄が移送されてきた二人の日本人とともに、取り調べが行われ、宋には二人の日本人とともに、死刑の判決が下ったのである。宋はまもなく一五二五年に獄死したとも、二〇年後の一五四四年に処刑されたとも、一五四七年に獄中にあって病死したともいわれる。

一方、宦官の頼恩の罪は問われることはなく、さらに提督海道の役職を兼務することを願い、皇帝から認められている。宋素卿は宦官の身代わりとして、死刑判決を受けたようなものである。しかし、事件は宦官が朝貢にかかわることがなければ発生しなかったことは明らかであり、官界で市舶太監の廃止が議論されるようになった。最終的に一五三一年に、宦官が朝貢に関与する道が、塞がれる。

寧波事件は、戦国時代の日本人の実像を、中国に晒す結果となった。激高すると抜刀して敵を惨殺するといったイメージは、その後もながく残る。一六世紀なかばの倭寇の襲来、一五九二年から九八年まで続いた壬辰戦争（壬辰丁酉《ていゆう》の倭乱〈韓国〉、万暦朝鮮戦争〈中国〉、文禄・慶長の役〈日本〉）、そして二〇世紀前半の日中戦争など、ことあるごとにそのイメージが喚起される。日本に対する警戒心から、対日政策が議論される土壌が、中国で生まれたのである。

鄭舜功は実地に日本人を観察することで、そうした日本人の行動パターンが、なぜ醸成されるのか、理解しようと試みており、日本人は横暴なのではなく、その社会には秩序が保たれていることを、『日本一鑑』のなかで論じている。その一端は、第三章で紹介することになる。

2　朝貢と密貿易

朝貢貿易の停滞

寧波事件は、日本と明朝とのあいだの朝貢に基づく貿易を停滞させる結果を招いた。それまで対立をはらみながらも一応は、京都武家政権の足利将軍の名義で、大内氏と細川氏とが明には一国の朝貢使節と見せかけてきたものの、そのほころびが白日の下にさらされてしまったのである。

そもそも朝貢とは、中国の皇帝の徳を慕って、周辺の国々の君主が「方物」（その土地の物産）を使節に持たせて送り出し、皇帝はその忠義を愛《め》でて君主を「国王」に任じるとともに、貢納品を上回る価値のある「回賜」（返礼の物産）を使節に持たせて帰す、という制度である。使節が方物とは別に付帯してきた物品や、使節に同行してきた商人が運送してきた商品を、市舶司の監督のもとで中国の商人と取引することを、皇帝が恩恵として認めた。これらを総合して「朝貢貿易」と呼ぶ。中国側が常に出超となるのが、この朝貢貿易であった。明朝は朝貢に拠らない貿易は、すべて違法な密貿易としていた。

その使節が明の領域内で乱闘を繰り広げるとは、皇帝の威信を傷つけたことにもなる。「徳を慕って」朝貢してきた、という建前が崩れたことにもなる。大内氏使節の宗設らの暴発に、明朝の官憲がまったく対処できなかったのは、あまりにも朝貢の本義から外れていたために、不意を突かれた格好になってしまったからである。

明朝として、日本との朝貢貿易は警戒すべき事案となってしまった。事件のあと、一五三九年と一五四七年に大内氏が主導して遣明船が編成された。朝貢が認められて、使節は北京に上ってはいるが、日本と中国とのあいだの朝貢貿易は停滞する。というのも宋素卿のような、中国の事情に明るく、日中双方に顔が利き、また宦官などにコネクションを持った人物を、明朝側が警戒するようになったからである。

朝貢貿易を原則通りに行うように求められるなかで、正規のルートを迂回する民間の貿易が活発になり、宋素卿とはまったくタイプの異なる人物が、活躍するようになる。鄭舜功はあらたな民間貿易において台頭していく人物について、詳細に記述している。

琉球ルートの密貿易の端緒

『日本一鑑』「窮河話海」は密貿易のはじまりについて、他の史書にはみられない出来事を記す。

嘉靖甲午《こうご》(一五三四年)に給事中(中央官庁を監査する官職)の陳侃《ちんかん》が琉球に遣わされた。通例に従って福建の港から出発したので、伴に従った役人はみな閩《びん》人(福建人)であった。琉球に到着すると、風向きが変わるのを待たなければならない。〔待っているあいだに〕琉球で学んでいた日本の禅僧と知り合いになった。我が国の従者はこの僧から「日本で商売ができる」と聞いた。そのため、従者たちは貨財を携えて〔日本に〕行って商売し、大きな利益を得て帰国した。

その結果、閩人が続々と〔日本に赴いて〕密貿易を行うようになった。（巻六「海市」）

この記事の情報を鄭舜功がどこで仕入れたのかは不明ではあるが、中国と日本とのあいだの密貿易の端緒に、琉球が介在していることを示している点は、注目に値する。

琉球に使節として赴いた陳侃（一五〇七〜没年不詳）は、寧波府下の鄞県出身の官僚。彼が琉球に使節として赴いたのは、琉球からの求めに応じて、冊封使《さくほうし》の正使に任じられたからである。帰国後には琉球で見聞きした風土や風俗をまとめ、『使琉球録』を著した。この書のなかで、『日本一鑑』で言及されている日本の僧侶に関する記載は、「〔琉球国王の〕陪臣の子弟と民衆のなかで俊秀なものは、中国の書籍を学習させて、将来に〔朝貢使節の〕長史（秘書官）や通事（通訳）に任用する。それ以外のものは、倭僧（日本の僧侶）から番字（蕃字、日本の文字）の読み書きを習うだけである」という一節に登場する。

密貿易ルートの一つが琉球となった背景を探るために、琉球と明朝ならびに日本との関係について、時代をさかのぼって紹介しておこう。

沖縄本島では一四世紀後半から、地方でグスク（城）を拠点に割拠していた「按司《アジ》」と呼ばれる首長たちが、海外との交易を行うなかで力を蓄えた。浦添グスク（沖縄県浦添市）を本拠とする察度《さっと》は、一三七二年に明朝に朝貢して、王と認められた。一四二九年には佐敷《さしき》グスク（沖縄県南城市）の按司であった尚巴志《しょうはし》が、他の勢力を圧して沖縄を統一し琉球王国を建て、明朝から冊封され、朝貢貿易を展開する。この朝貢貿易を基軸に、日本・朝鮮、さらに東南アジアの諸国とも交易を展開したのである。

朝貢と冊封とは、もともと別の制度であるが、明朝はこの二つを結びつけて運用した。「冊封」とは、中国の皇帝を頂点に、周辺の国々の首長を儀礼的な序列のなかに位置づける制度、と要約することができる。この冊封が模範的に行われたのが、琉球である。

明朝が建国されると、朱元璋は積極的に周辺国に使節を送り、朝貢するよう求めた。その求めに応じたのが、沖縄本島の按司たちであった。明朝は、使節を中国に無事に送り出せるよう、造船や航海の技術を持った職人や、外交文書を作成できる人材を、琉球に派遣することまで行った。彼らは「閩人三十六姓」と伝説化されることになる。交易に関する職能集団の子孫たちは、那覇港近くの久米村《くめむら》（クニンダ）に定住し、その後も明清時代を通じて、中国との交流を支えた。

冊封は国家と国家とのあいだの関係ではない。中国の皇帝と周辺諸国の君主とのあいだの属人的な関係であり、皇帝と君主がそれぞれ代替わりするたびに、更新する必要がある。周辺国の国王が死去すると、跡継ぎとなる「世子」は、その国の民から信任されているという理由を添えて、冊封して欲しいとの要望を中国皇帝に出す。これに応じて中国から新たに国王に任命するために、冊封使が派遣される。一五二七年に琉球王国を隆盛に導いた国王の尚真《しょうしん》が死去し、王世子の尚清《せい》が即位する。それから五年後の一五三二年になって、尚清は明に国王の冊封を求めた。この要請に応えて陳侃を正使とする冊封使が、一五三四年に琉球に遣わされたのである。

一方、琉球と日本との関係も、深いものがあった（長谷川、二〇二〇）。那覇には多くの日本人が居住し、商取引や通訳などに従事していた。日本の禅僧も琉球に渡り、琉球国王のなかには深く帰依するものも現れた。一五世紀後半以降、日本の商人が朝鮮との通交を琉球王府から請け負った。一五〇〇年に朝鮮に到着した琉球使節四七〇人中、琉球人二二人をのぞくと、他はすべて日本人であったという。日本の商人は、中国の陶磁器や工芸品、東南アジアの蘇木《そぼく》や胡椒などを琉球で入手して、日本に運んだ。

鄭舜功が記す琉球経由の民間貿易ルート形成の背景には、琉球と明朝とのあいだの正規の朝貢貿易と、日本商人が担った琉球と日本とのあいだの民間貿易があった。このルートに福建出身の民間貿易商人が便乗して、日中間の貿易が一五三〇年代に本格的に始動するのである。明朝の規定によれば、中国民間人が行う対日貿易は、すべて取り締まりの対象となる密貿易であった。

平戸と密貿易商人

鄭舜功によれば、琉球で日本との交易ルートの存在を知った福建人は、日本での交易の拠点を平戸に置いたという。この経緯について、次のようなエピソードを語っている。

のちに平戸島で密貿易を行うものが現れた。島夷（平戸の日本人）は、貨物の利に目がくらみ、閩商（福建商人）を殺した。ほどなくして血がその地に降り、地面からも血が噴き出し、島夷は災難に見舞われた。殺された商人たちが、そろって島主（平戸の領主）の夢に現れ、島主は床に伏した。〔祟《たた》りを鎮めるため〕廟を建てて〔殺された閩商の霊を〕祀《まつ》ると、その島はようやく平安となった。その後、密貿易商人が彼の地に到着すると、手厚いもてなしを受け、船も修繕されるようになった。物産の乏しい島夷は、〔こうした接待を〕「貸し」と称した。そのため密貿易商人たちが、〔平戸に〕集まるようになったのである。このようにして、福乱（福建出身の海賊の横行）が始まったのである。（『窮河話海』巻六「海市」）

殺害された福建商人の霊を祀る廟は、大唐厲鬼祠《れいきし》と呼ばれた（『窮河話海』巻三「鬼神」）。

平戸は平戸瀬戸と呼ばれる狭い海峡を挟んで、平戸島と本土部の田平《たびら》とに分かれる。南北に細長いこの瀬戸は、天然の良港となっている。この港を押さえていたのが、平戸松浦《まつら》氏である。一一世紀には九州の北西部沿海地域は、松浦党と呼ばれる小領主群が各所に自律的に拠点を置き、互いに連携していた。平戸松浦氏はその一派に属していた。一五世紀後半、平戸松浦氏が勢力を拡大する過程で、周辺の小領主を圧倒してのし上がるために、大内氏を頼るようになった。

一六世紀なかば、九州西北部は小領主が勢力を競い合っていた状況から、東松浦郡の波多氏、五島列島の五島氏、そして平戸を根拠地として北松浦郡全域を勢力圏に収めた平戸松浦氏という三つの戦国大名が鼎立《ていりつ》するようになる（平戸市史編さん委員会、一九九七）。時期から考えて、平戸の島主は松《ま》浦《つら》興信《おきのぶ》である。

鄭舜功の記述と符合するような伝承は、現地には残ってはいないが、事実を幾分なりとも反映しているとしたら、平戸松浦氏が戦国大名の一角に食い込むタイミングで、福建系の密貿易商人が平戸に来航するようになったということになる。交易を通して入手した海外の物産は、大内氏が勢力下に置いていていた博多などを経由し、さらに大内氏が影響力を及ぼしていた瀬戸内ルートを介して畿内にも運ばれて、富を平戸にもたらしたと考えられる。その富が、平戸松浦氏の勢力拡大を支えたと想像される。

福建商人を手厚くもてなすための負担は、彼らとの交易がもたらす富によって十二分に回収できる「貸し」として認識されたのも、当然のことであろう。

密貿易か海賊か

一五六七年に明朝が海禁を緩和するまで、官憲の許可なく民間人が海を渡ることは禁止されていた。中国出身の渡海者は原則、すべて罪人とみなされ、取り締まりの対象となる。その結果、罪を犯したものが、海を渡って逃亡し、密貿易を生業としたり、逆に密貿易商人が官憲の取り締まりに対抗するために武装し、海賊に転身したりすることになる。

密貿易か海賊かどちらに軸足を置くかは、渡海者の個性や信条、あるいはそのときどきに渡海者が置かれた状況によって、激しく揺れ動いた。鄭舜功は渡海者たちの揺れ動く様を、密貿易については「海市」の項で、海賊行為については「流逋」の項で、それぞれ力点を変えながら描き出している。

渡海者たちに活動の場を提供したのが、中国の長江河口の南側、杭州湾の外縁の海域に浮かぶ舟山群島である。大小あわせて一千を優に超える島々が点在し、船舶を停泊させ、官憲の追捕を逃れるのに適した海域であった。『日本一鑑』では、この海域を「浙海」と記している。「浙江省の沖合の海域」という意味である。なかでも飲料水を確保できる島は、渡海者の拠点となった。寧波事件の際に、争乱を引き起こした宗設ら一行が逃げ込んだ定海も、そのなかの一つである。

密貿易商人の拠点を最初に浙海に置いたのは、鄭舜功によると、福建出身の鄧獠《とうりょう》であったという。

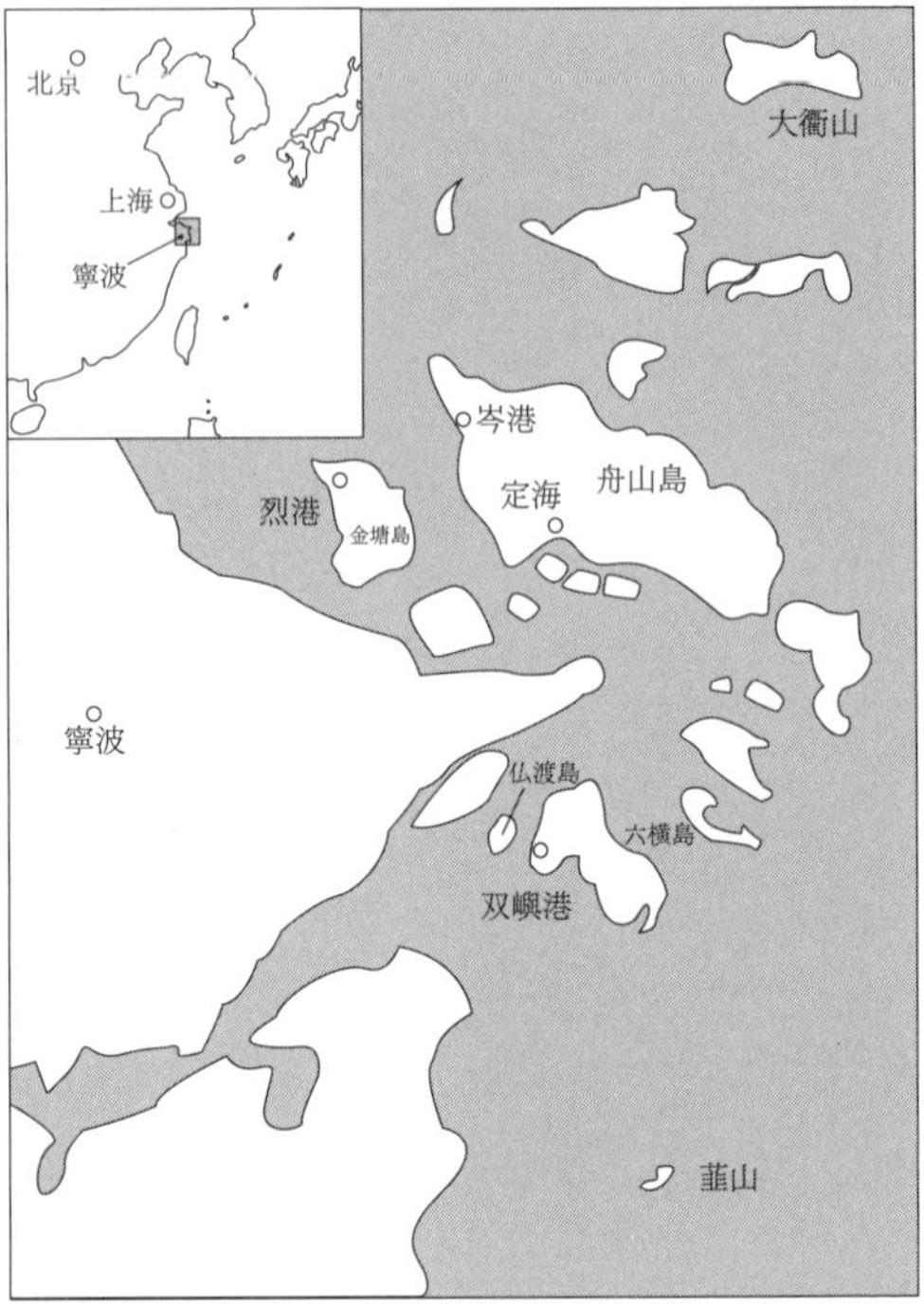

1-1　舟山群島

鄧は罪によって按察司（省レベルの治安維持を担当する役所）の獄に繋《つな》がれていたが、嘉靖丙戌《へいじゅつ》（一五二六年）に脱獄し、海に逃げ込み、「番夷」を引き入れて双嶼港《そうしょこう》で、違法な交易を行ったと、「海市」の条に記されている。さらに布政司（省レベルの民生を担当する役所）の役人を殺害したと、「流逋」の項目で追記されている。

双嶼港は舟山群島で南に位置する六横島《りくおうとう》の西側に位置する港で、対岸に仏渡島が浮かぶため、東西の風を受けない良港である。

「番夷」（蕃夷）の実態は、明示されていない。漠然と漢族以外の異民族を指すとも考えられるが、『日本一鑑』の全体を通じて、日本人は「島夷」とされるところから、日本人ではない。鄧獠の出身である福建が、古くから東南アジアとの交易の窓口になっていたところから、推測ではあるが東南アジアのマラッカやアユタヤなどの港市出身の海商が「番」（蕃）として双嶼港に来航したのではないだろうか。

新たな渡海者

一五四〇年代になると、あらたな渡海者が浙海に現れる。一つは江南を商圏とする徽州《きしゅう》商人に連なる渡海者である。徽州は鄭舜功の出身地でもある。鄭がシナ海域の動向について、詳細な情報を入手できた背景には、徽州出身者のあいだの人的なネットワークの存在が想定される。徽州商人については、次章で提示することにしよう。

徽州出身の渡海者で『日本一鑑』に名が挙げられているのは、四人の許兄弟である。その名は許《きょ》松《しょう》・許楠《きょなん》・許棟《きょれん》・許梓《きょし》と、いずれも名に「木」偏が付くことから、同族の同輩であることが分かる。一般的に年齢順に、許一から許四と記載されることが多い。他の資料では許棟が許二であるとあり、この点は鄭舜功の勘違いである可能性が高い。

兄弟はマラッカに赴き、嘉靖一九年（一五四〇年）に浙海を軸とする交易に「仏郎機《フランキ》」を引き込んだという。仏郎機とは、そのころアジアの交易に参画するようになったポルトガル人のことである。一五一一年にマラッカを占領して拠点を築き、シナ海で展開していた交易に乗り出そうとしていたところを、許兄弟が先導したことになる。

浙海に現れたポルトガル人のなかには、コンベルソと呼ばれる、ユダヤ教徒からキリスト教に改宗した人々が多く含まれていた。ポルトガルでは経済振興のためにユダヤ教徒を優遇していたが、一五世紀末になると抑圧に転じた。ユダヤ教徒はキリスト教に改宗せざるを得なくなったのである。一五三六年にはついに異端審問所が設けられる。改宗を装っているだけではないかと疑いの目でみられていたコンベルソの多くが、イベリア半島を離れてインド、さらにはシナ海域に向かうことになったのである。

中国の密貿易商人とポルトガル人は、いずれも国家の枠組みには収まりきらない渡海者であったといえるだろう。一五四三年になると、浙海では海上の治安維持を担当する海道副使が密貿易商人を取り締まろうとした。許兄弟はこれを撃退して気を大きくし、ポルトガル人を伴って、双嶼港に拠点を構えたのである。

鄭舜功はこうした事態について、「これより東南の災いの門が開かれることになった」と記す。

王直と「鉄砲伝来」

そのころ双嶼港に徽州出身の渡海者が現れ、許兄弟のもとで経理を担当するようになる。王直《おうちょく》である。

〔許兄弟の〕仲間となった王直、本名は「鋥《てい》」、すなわち「五峯」と号するものが、乙巳《いっし》の歳（一五四五年）に日本に赴いて商売をし、初めて博多の日本人の助才門ら三人を誘い、双嶼に連れて来て交易を行った。翌年にまた〔日本に〕行き、その地で〔双嶼港で交易ができるという〕風評を拡げた。直隷（主に江南地域）と浙江の倭寇の害は、ここに始まるのである。（『窮河話海』巻六「海市」）

王直については、序章で触れた『籌海図編』に詳しい。この書籍は、鄭舜功のライバルで、王直と直接にコンタクトを取った蔣洲《しょうしゅう》（生年不詳〜一五七二年）などが提供した情報に基づいて、倭寇対策を担った官僚の胡宗憲《こそうけん》（一五一二〜一五六五年）の参与であった鄭若曽《ていじゃくそう》（一五〇三〜一五七〇年）が編纂した。王直については他に見られない記載を含む。王直の逮捕までの経緯を記した「擒獲《きんかく》王直」の一項は、次のような文章で始まる。

王直は歙《きゅう》の人である。若い頃に落ちぶれたが、任俠の気概があり、壮健で知略に富み、よく施しをした。そのために人から信頼された。「悪少」（遊び人）の葉宗満《ようそうまん》・徐惟学《じょいがく》・謝和《しゃわ》・方廷助《ほうていじょ》などと付き合い、遊びまわっていたとき、相談して次のようにしようじゃないかと話がまとまった。「中国は取り締まりが厳しく、うかうかしていると禁令に触れる。いっそのこと海外に出てのびのびとやってやろうじゃないか」と。

王直は当時の徽州男子の常として、若くして商道を目指したが、早々に中国国内での商売に見切りを付けた。そこで一五四〇年に広東に赴き、海洋商人として東アジアと東南アジアとのあいだの密貿易に従事するようになった。新たなマーケットとして目をつけたのが、日本だった。

一五四〇年にはすでに、王直は九州に拠点を設けるために五島に来航している。島の領主であった宇久盛定《うくもりさだ》は、王直をもてなし、居住地を作ることを許したとされる。五島に拠点を置いたところから、彼は「五峯」と名乗るようになる。

五島に続いて、平戸にも拠点を置いた。一五四一年に王直が平戸に来航したとき、領主の松浦隆信《まつらたかのぶ》は賓客を迎えるように応接したという。

種子島鉄砲伝来のいきさつを記した『鉄炮記』には、「天文癸卯《きぼう》秋八月二十五丁酉《ていゆう》(一五四三年九月二三日)、我が西村の小浦に一艘の大船が現れた。どの国から来たのかは分からないが、船客は百余人、その出で立ちは普通ではなく、その言葉は通じない。見た者は奇っ怪だと思った。そのなかに大明の儒生が一人いた。五峯と名乗るが、いまではその姓や字はよく分からない」とあり、この「五峯」が王直であったとされる。

鉄砲伝来の立役者が王直だとした場合、彼の目的は鉄砲を日本で売りさばくことにあったのではない。『籌海図編』所収の「擒獲王直」には、つぎのようにある。

〔王〕直と葉宗満などは、広東に行って巨艦を建造し、硝石・硫黄、生糸・綿布などの禁令の物産を載せて、日本と暹羅《シャム》、西洋(東南アジア島嶼部)などの国に渡り、往来して貿易を行うこと五、六年、蓄えた富はとても計ることができない。夷人は大いに心服し、「五峯船主」と称えるようになった。

鉄砲を伝えることで新たな需要を創り、黒色火薬の原料となる硝石と硫黄とを取引することで、富を得ようとしたのである。王直の思惑通り、戦国日本における火薬の原料の需要は、うなぎ登りに増加したものと思われる。

戦国大名の遣明船

天文一三年（一五四四年）四月、種子島から遣明船が、中国の寧波を目指して出帆した。この遣明船は豊後大友氏と肥後相良《さがら》氏が仕立てた三隻のなかの二番船である。大友氏が仕立てた一番船は風波のために破損し引き返したものと推定される。同じく大友氏の二番船は無事に寧波に到着し、翌一五四五年に帰還する。

種子島氏は豊後の大友氏と密接な関係を持っていた。このこともあって、大友氏が中国に派遣しようとした遣明船が種子島で仕立てられたのである。相良氏が仕立てた三番船は一五四五年に出発した。『日本一鑑』「窮河話海」（巻七「奉貢」）にはこのときの遣明船について、次のような記載がある。整理するため、記号を振っておこう。

嘉靖甲辰《こうしん》（一五四四年）に、夷僧の寿光《じゅこう》など百五十人が来貢（A）したが、〔明朝が日本に定めた十年ごとに一回という〕時期に及ばないために却下された。

嘉靖乙巳《いっし》（一五四五年）に、夷（日本）に属する肥後国〔の相良氏〕が夷王宮（足利将軍）より勘合を得て、僧の俞俅《しっきゅう》を派遣して来貢（B）したが、時期に及ばないために却下された。

嘉靖丙午《へいご》（一五四六年）に、夷に属する豊後国守護の源義鑑（大友義鑑《よしあき》）が夷王宮から勘合を得て、僧の梁清などを派遣して来貢（C）するも、時期に及ばないとして却下された。

この遣明船が仕立てられる前、一五三九年に大内氏が仕立てた遣明船が受け入れられ、使節は北京に上っている。それからまだ五年ほどしか経っておらず、十年一貢という規定に合わないため、三隻はいずれも朝貢船として認められなかった。この遣明プロジェクトは、朝貢のプロデューサーがそれまでの守護から戦国大名へと交替したことを、如実に示している。朝貢のノウハウは、戦国大名の大友氏や相良氏には伝承されなかったのである。

遣明一号船は破損したため、鄭舜功が記すAの来貢は、大友氏の二番船ということになり、遣明三号船は来貢Bに相当することになる。すると来貢Cは、破損した遣明一号船が再チャレンジしたものと推定される（橋本、二〇一五）。

大友氏が仕立てた二号船は、寧波で受け入れられず、翌年に双嶼港に立ち寄って、交易を行った。その船に王直が便乗して日本に到達し、大友氏の一行とともに博多に入ったものと考えられる。これは想像であるが、王直はその縁で大友氏とのあいだに人脈を拡げるとともに、博多商人を浙海に呼び込むことに成功したのであろう。

3　商人から海賊へ

海賊への転身

密貿易商人が海賊に転身するプロセスを示すエピソードを、鄭舜功は記している。

丙午《へいご》（一五四六年）、許二と許四は、許一と許三が事故で失った番人（蕃人）の貨物を弁償することができなかった。そこで〔配下の〕姦党に命じて、直隷（現在の江蘇省）の蘇州・松江《しょうこう》などの地方で、良民を騙《だま》して貨財を買い集めた。〔良民たちが双嶼〕港に到着すると、許二と許四は裏では番人をそそのかし〔良民たちの貨財を〕強奪させ、表では被害にあった人々を慰めて、貨財の代価を用意するといった。

このため被害にあった人々は許二と許四の謀略とは知らず、ただ番人が強奪したことを怨んだ。自分の資本で〔貨財を〕あつらえていたものは、あきらめて立ち去ったが、資本を借りていたものは、返済ができないと考えて帰ろうとはせず、そのまま許四〔と番人〕に同行して日本国へ赴き、〔番人が日本での交易で得た利益から〕代価を受け取ってから帰ることにした。舟が京泊《きょうどまり》の港に至ると、騙された人々は番人が財貨を奪った事情を、切々と島主に告げた。島主は「番商が中国で交易し、中国人の財を強奪した。いま彼らは我が国で取引しているが、分捕ろうと企んでいるやも知れない」と言い、ただちに番人を殺し、薪や穀物などを許四に与え、華人を送り帰らせた。

許四は初めに番夷の貨物を欠損し、さらに番夷の商人の帰還を成し遂げられなかったことを考えて、ついに双嶼には向かおうとはせず、沈門・林剪・許獠らと合流して、沿海の民家を襲撃するようになった。許二も兄弟の許一・許三が行方知れずとなり、許四も帰って来ず、失った番人の商品も弁償できなくなり、遂に朱獠・李光頭らと番人を誘い入れて福建・浙江地方を襲撃するようになった。（『窮河話海』巻六「海市」）

想像を交えて事態を整理してみよう。

まず「番人」が中国人でも日本人でもないことは、文脈から明確である。となると、先に推測したように、彼らは東南アジア港市出身の渡海者であったと考えられる。

許兄弟は、仕入れと販売を手分けしていたようである。許一と許三は、蘇木や胡椒などの商品を東南アジアの港市で仕入れ、許二と許四は旺盛な消費地である江南地域の蘇州や杭州で販売を担当していた。江南での売上金から、番商（東南アジアの商人）に商品の代価を支払うことになっていた。ところが東南アジアを出航した商船が、海難事故に遭遇し、積み荷を失ってしまう。

番商から債務履行を迫られた販売担当の許二と許四とは、取引のあった江南の商人に、生糸や絹織物、陶磁器などを日本に運べば大きな利益が得られると、言葉巧みに持ちかけて双嶼に呼び寄せる。その中国の物産を、損失の穴埋めとして、番商に渡したのである。さらに番商には、日本で中国物産を取引すれば、元値をはるかに超える利が得られ、その利益の一部を江南の商人に分ければいいと誘ったのであろう。ところが許四の思惑ははずれ、京泊を領有していた領主が番商を殺してしまったのである。

このエピソードからは、貿易商人が海賊に転身するプロセスを読み取ることが出来る。海上保険の制度がない時代、たった一つの海難事故であっても、商人を海賊に転身させる契機となるのである。

薩摩・京泊の中国人

エピソードに登場する京泊港は、鹿児島県薩摩《さつま》川内《せんだい》市を流れる川内川《せんだいがわ》の河口に位置していた。史料初出は『応永記』応永一八年（一四一一年）の記事である（柳原、二〇一一）。一六世紀には、中国との貿易港となっていたと考えられ、川内市内に明代の陶磁器が残っているのは京泊に着いた物品であろうと、地元の郷土史家は推測している。

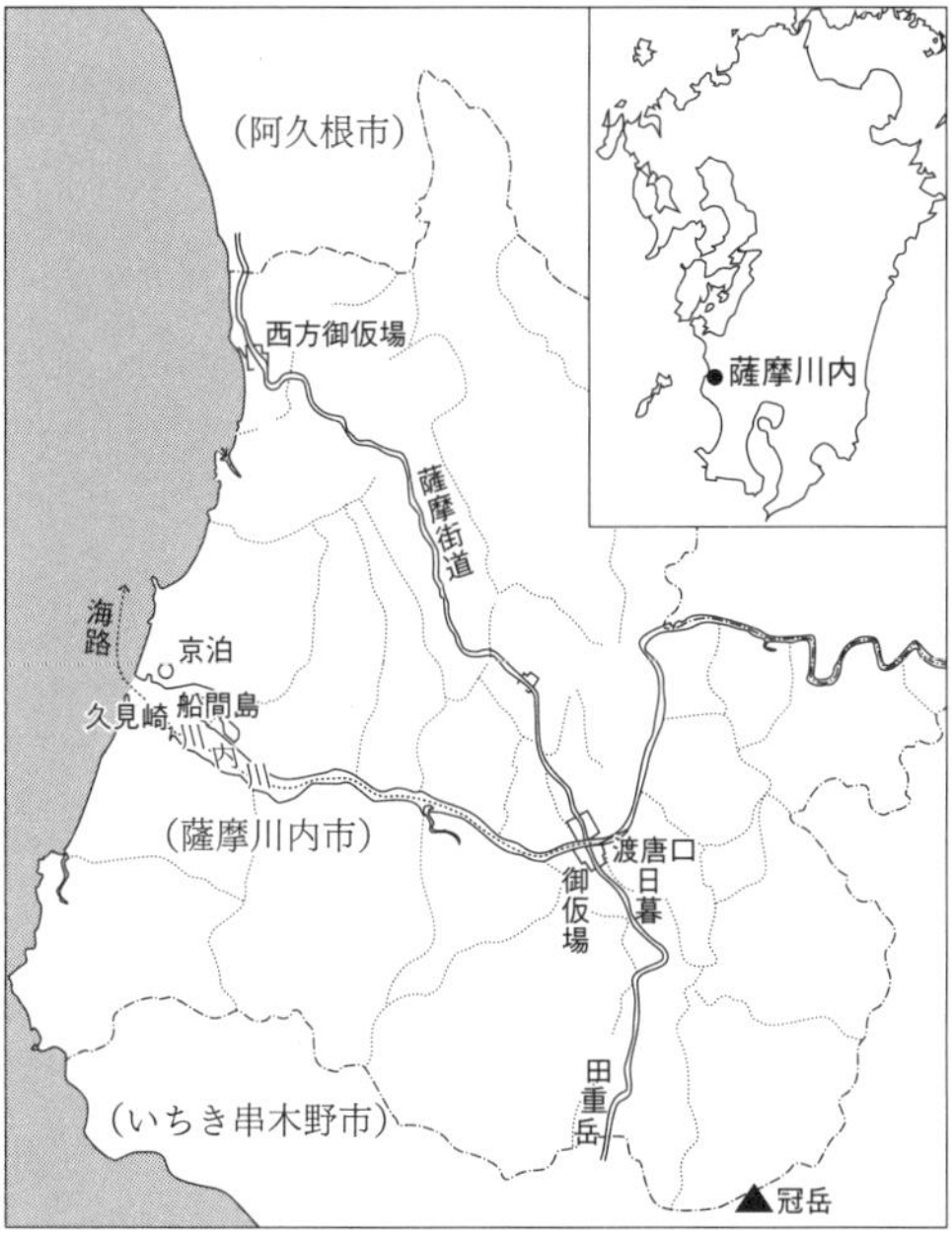

1-2　川内の京泊周辺。川内郷土史編さん委員会編『川内市史（上）』1976年をもとに作成

地図を見ると川内川と薩摩街道が交差する地点に、「渡唐口《ととうぐち》」と見える。「唐」すなわち中国に渡航する起点だということになる。江戸時代には島津氏が江戸に参勤交代で赴くときには、渡唐口の近傍に設けられた御仮場から川船に乗って川内川を下り、京泊で外洋船に乗り換えて大坂に向かったという。また、京泊港からすこし川をさかのぼったところにある船間《ふなま》島《じま》の北東部には、船の避難場所となる水域があり、密貿易船の隠れ

場となっていた(川内郷土史編さん委員会編、一九七六)。

薩摩川内市といちき串木野市との境に、冠岳《かんむりだけ》という標高五〇〇メートル程度の山が連なっている。伝承によると、秦の始皇帝が不老長寿の薬を求めて東海に派遣した徐福《じょふく》が、この地にたどり着き、冠を脱いで中国大陸の方角に礼拝したところから、「冠岳」と呼ばれるようになったという(川内郷土史編さん委員会編、一九八〇)。この伝説が京泊に来航した中国人と関係するものか否かは、判然とはしないものの、川内川下流に住む人々が、シナ海対岸の中国を身近に感じていたとすることはできよう。

一五四〇年代の薩摩では、守護から戦国大名へ転換が進んでいた。一五一〇年に守護島津氏の跡目争いから、宗家と分家との紛争が激化し、一五三九年に伊作《いざく》島津家の系譜が他を圧倒した。この系譜は戦国大名として一時は九州を席捲する勢いにまで拡大し、江戸時代には雄藩外様大名として幕末まで存続した。

川内川流域は北部を東郷氏が、南部を入来院《いりきいん》氏がそれぞれ所領としていた。東郷《とうごう》氏も入来院氏も、一三世紀なかばに関東の相模国から薩摩に下向した渋谷氏をルーツとする。いずれも戦国大名を目指す島津氏の圧迫を受けていた。一五四六年当時、京泊を治めていた「島主」は、東郷重治《しげはる》であった。その家臣が北に境を接する薩州島津家の重臣の愛犬を盗み、追捕者に殺される。重治は激怒し、一五四七年に薩州島津家とのあいだで戦をし、惨敗している。その後も争乱は続き、重治の報復戦争は、一五五七年まで続いた。まさに戦国日本のまっただ中に、許四と番商が飛び込んでしまったことになる。

シナ海の激動

一五四八年、繁栄を遂げていた双嶼港が、明軍に急襲され掃討された。指揮を取ったのは浙江の地方長官の任にあった朱紈《しゅがん》。密貿易商人の重鎮は逮捕され、許棟は東南アジアに退去した。これを機に、密貿易商人は人望のあった王直のもとに結集し、舟山と大陸とのあいだに位置する金塘《きんとう》島の烈港にあらたな拠点を設けて、明朝の取り締まりに抵抗しながら貿易を行うようになった。

朱紈による双嶼港掃討は、沿海地域に平安をもたらすどころか、かえって海賊行為の激化を招いた。海洋商人たちは官兵の取り締まりに対抗するために武装せざるを得なくなり、密貿易商人の暴発を抑えていたリーダーが不在となったために、全体の統制が取れなくなったのである。海上は群雄割拠の状況になった。

朱紈が掃討作戦を行う際に、官軍が海戦に長《た》けていないところから、福建人を中心とする船団を編成した。福建人は海には慣れていて作戦遂行に貢献したものの、もともと海賊あがりのものも含まれ、戦利品目当てで従軍したものも少なくなかった。掃討のあとも浙江の沿岸に居残り、強奪を繰り返すようになったのである。

目に余る海賊行為に手を焼いた浙江の現場指揮官が、福建兵への支給を差し止めて帰還を促すと、福建兵は帰路に食料が乏しくなったため、略奪をおこないながら帰帆した。福建の官憲が戻ってきた福建兵を逮捕すると、まだ到着していなかったものは逃亡した（「窮河話海」巻六「流逋」）。

双嶼港グループとは異なる海上勢力の一つに、舟山群島の東北に位置する横港に拠点を置いていた一派が存在した。そのリーダーは陳思盻《ちんしけい》という名の男で、福建か広東の出身だとされる。『日本一鑑』

では、陳思眸と記されている。日本との交易にも携わり、王直の商売敵という存在でもあった。逃亡した元福建兵は、王直ら元双嶼港グループからみれば仇に当たるわけで、報復されることを恐れて烈港に逃げ込めず、この陳のもとに走った。陳は勢力を拡大すると、大衢山《だいくさん》にも拠点を構え、商売を行うと称して長江を航行する船舶を襲うようになった。

寧波出身の武官の万表《ばんぴょう》は、双嶼港掃討後の状況を『海寇議』のなかで記している。

五峯は思盼の圧迫を厭《いと》わしく感じていた。烈港を往来する船は必ず横港の沖合を通過するので、しばしば襲撃されたからだ。……そこで〔王直は〕寧波の役所に通報し、海上保安の役所には、官兵を派遣していただきたいが、ただ遠くから援護するだけで構わない、と申し出た。〔陳思盼配下の〕船が略奪に出かけて戻らないという内通を受けて、その誕生日の宴会で警備が手薄になったことを知ると、内と外とで呼応してこれを殺し、ことごとくその財貨を奪い、……陳思盼の甥の陳四など数十人を官憲に突き出した。各船の残党はよりどころがなく、ことごとく五峯のもとに降《くだ》った。

その後、新たな密輸船が何艘かあったが、いずれも五峯の旗印を借り請けて、はじめて海上を航行できるようになった。……〔双嶼港掃討後に〕福建に戻らなかった船団もまた、五峯に従うことになった。こうして五峯の勢力はよりいっそう伸張し、海上には並び立つ海賊はいなくなってしまった。

陳思盻が滅ぼされたのは一五五一年、王直はついに海上の覇者となったのである。

一五五三年に官軍は、拠点の烈港を再び攻撃した。王直は中国沿海から退き、明朝の官憲の手が届かない日本の沿海に居を定めた。五島の福江島および平戸が王直の根拠地となった。その地の領主も、王直配下の海商集団に交易の拠点を提供した。

中国沿岸でにらみをきかせていた王直が退去したことで、交易よりも手っ取り早く略奪で富を得ようとする動きが激化した。これを中国史では、時の年号を冠して「嘉靖大倭寇」とする。明朝側は、王直が指示して組織的な略奪を行ったとする。しかし、『日本一鑑』によると、王直が大倭寇の頭目であったわけではないようである。

真の倭寇、徐海の勢力

王直とともに海に乗り出して一旗揚げようとした仲間の一人に、徐惟学という人物がいたことは、さきに述べた。王直のもとに集まった密貿易集団の中で、徐は主に東南アジアとの交易を分担していたようである。彼の甥に徐海《じょかい》という男がいた。徐海は叔父の船団に加わり、王直のグループに属することになった。「窮河話海」巻六「流逋」には、割注で徐海について詳細な情報を記している。

徐海は杭州の虎跑寺の僧侶で、普浄という法名を持っていたという。一五五一年に叔父の徐惟学が日本人を烈港に引き入れて交易していることを知り、烈港に渡り日本に同行した。密貿易商人のなかで僧侶の姿をしている徐海は、日本人の注目を集めたのであろう。「中華の僧侶」だと噂が広がり、活仏のように敬われて多くの布施が集まった。こうして手元に集まった資金を元手にして大船を建造し、翌一五五二年には日本人を誘って烈港で交易を行った。

このころ王直は陳思盼の一派を解体させたように、中小の海上集団を掃討し、その頭目を官憲に突き出すとともに、その配下を自分の勢力下に取り込んでいるさなかであった。徐海は頭目の王直の目を盗み、被災地に救援物資を運ぶ貨物船を襲撃した。

略奪された被害者が烈港に到着したところ、なんとそこに略奪に加わっていた日本人がいるではないか。密かにあとをつけ、それはまさに襲撃した徐海の船に乗り合わせていた日本人であることを確かめると、この事実を王直に知らせた。王直は「わしらが港を出て賊を捕らえているさなかに、まさかこの港に賊がいるとは知らなかった」と怒り、徐海を厳しく咎《とが》めた。徐海は怒って王直を殺そうとしたが、叔父から戒められ思いとどまり、また日本に向かった。

このころ徐惟学と王直とは、分かれて活動するようになる。王直はおもに浙海の舟山群島と日本の五島や平戸とを結び、博多商人とのネットワークを形成したのに対して、徐惟学は南シナ海域の広東や福建と日本の九州南部とを往来して、密貿易を展開した。徐海は密貿易を展開しようにも、商圏を王直・徐惟学に押さえられ、活路を略奪に求めざるを得ない状況に追い詰められたのである。徐海は戦闘集団を編成する組織力と、軍略を展開する才能に恵まれていたようで、海でも戦果を重ねた。また、日本人のあいだでは活仏という一種のカリスマ性も帯びていた。

一五五四年には、徐海のグループは、九州南部の種子島・薩摩・大隅《おおすみ》・日向《ひゅうが》などの日本人を仲間に加え、江南地域を荒らし回った。柘林《しゃりん》（現在の上海市奉賢県西南部）に拠点を定め、地元の無頼を糾合して一大勢力へと発展し、明軍もうかつには手出しできないまでになった。一五五五年には崇徳県城を襲撃し、その町で妓女に身をやつしていた王翠翹《おうすいぎょう》・王緑妹《おうりょくまい》らを奪い妻としたと鄭舜功は記す。この王翠翹にまつわる伝承は、のちに多くの小説の題材となり、広く流布することになる（遊佐、二〇一六）。文学としての脚色はあるが、徐海はなかなかの男前であったようである。

一大勢力の頭目となった徐海のもとに、広東で叔父の徐惟学が官軍に滅ぼされたという知らせが届く。徐海は種子島の助才門すなわち助五郎、薩摩出身で夥長《かちょう》（羅針盤を掌《つかさど》る航海士）の掃部《かもん》、日向の彦太郎、和泉の細屋などの日本人を糾合し、合計五、六万の衆と千余艘の船を率いて、広東に行って徐惟学の仇討ちをしようとした。商人たちは徐海の計画を知ると「浙海の交易の門は徐海のために閉ざされている。今また連中が広東に行けば、我らの商売はあがったりになってしまう。あいつが去った時を狙って、ひっとらえて官憲に送り、交易の門が閉ざされるのを免れようではないか」と話し合った。徐海はそれを聞いて恐れを抱き、広東には赴かず、直隷・浙江へ向かった。

徐海の船団は洋上でその多くが漂流・沈没したが、徐海はなお二万余の配下を擁していた。一五五六年三月になると、陳東・葉明などの弱小の海賊の頭目が手下を引き連れて、徐海のもとに続々と合流し、一時は五、六万もの陣容を構えるようになり、江南を震撼《しんかん》させた。その四月に三里橋で繰り広げられた官軍との戦闘で、徐海は砲弾を受けて傷を負うが、軍勢は官軍を撃破した。

まさにこうした戦乱が続くなか、一五五六年夏、シナ海の海賊を鎮める方策を探るため、鄭舜功は日本に渡り、豊後に赴く。

次の章では、鄭舜功の足跡をたどってみよう。

第二章

明の侠士、海を渡る

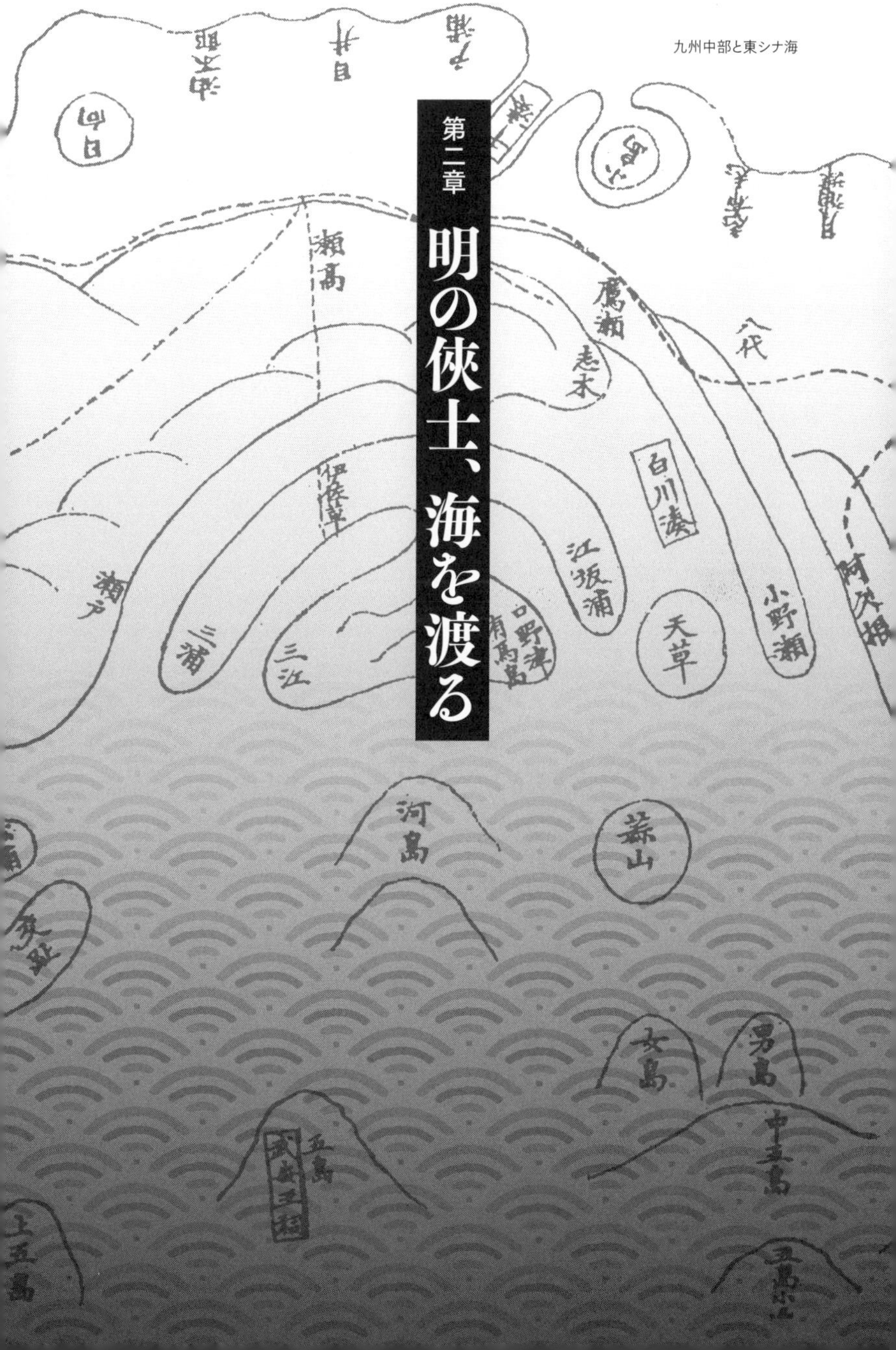

九州中部と東シナ海

一五二三年に寧波で日本の武士が乱闘したことが原因となり、明朝は日本を警戒するようになり、朝貢貿易が厳格に運用されるようになった。その一方で、日本における銀の産出量の急増と、中国における銀使いの経済の復活とがあいまって、もはや日中間の交易を押しとどめることが困難となりつつあった。

朝貢の枠を逸脱した交易は、民間人が国の許可なく海に出ることを明朝が禁じていたために、勢い密貿易にならざるを得ない。明の官憲が密貿易商人を取り締まると、渡海者たちは武装し海賊稼業にも手を染めるようになったのである。

こうした状況をいかに終息させ、平安を取り戻すべきか、明朝の国内でもさまざまな提言がなされた。そのなかで、鄭舜功という名の俠士は、日本の事情を調べ上げるために、海を渡った。

本章では鄭舜功の人となりを紹介し、中国から日本への航海の記録を読み進め、さらに日本でどのような活動を展開したか、見ていくことにしたい。

1　草茅、危言す

鄭舜功の出身地

『日本一鑑』では各巻の冒頭で、常に鄭舜功のアイデンティティが明示される。

　奉使宣諭日本国、新安郡人鄭舜功

これを翻訳すると、

　朝廷の命を奉じて日本国に使し、〔皇帝の〕上諭を宣告した新安郡出身の鄭舜功

ということになる。

日本から帰国後に鄭舜功は、功績が認められず、七年のあいだ投獄された。そればかりでない。ともに日本に渡った同志は、賊として帰路の海上で明の官兵に殺害され、帰国時に同行した使者は四川に流された。無念を晴らしたいという切望が、この各巻冒頭の言葉に凝縮されている。

鄭は自分の出身地を、「新安郡」と認識していた。新安郡は、晋代から唐代にかけて現在の安徽省南部から浙江省東部にまたがる地域に置かれた行政区の名称である。明代には名峰・黄山のふもとに広がる盆地に位置する徽州府の雅称として、通用した。鄭の出身は、明代に徽州府に属していた六つの県の一つ、歙《きゅう》県であると考えられる（神戸、一九九九）。

安徽博物院収蔵の歙県『双橋鄭氏宗譜』万暦五年（一五七七年）写本に、「鄭舜功は北京を再訪し、およそ三年を過ごし、往復すること万里、祖父の〔鄭〕可斎の墓誌銘を探し求めた」という記載があ

る。この『宗譜』を保有していた鄭村の村誌は、この鄭舜功が日本に赴いたとする（卞利、二〇一七）。双橋鄭氏は明代に科挙合格者を輩出した徽州の名族で、鄭可斎は江南地域で商業に従事していた。こうした系譜から、鄭舜功が徽州出身の密貿易商人の事情に通じ、官界にも人脈があったところから、倭寇対策を進言して日本に渡ったのだという見解がある（夏、二〇二三）。しかし、鄭可斎の没年一五三九年、享年六六歳とあるところから、鄭可斎の生年は一四七三年、孫にあたる鄭舜功の生年は早くても一五一〇年代となろうか。鄭舜功が一五二三年に対日政策を献策したという『日本一鑑』に記した事績（後述）に誤りがないとすると、そのときの鄭はまだ一五歳に達していないことになる。年齢で計算すると符合しない。あるいは同姓同名の別人である可能性がある。出生の謎は残されている。

徽州盆地は四方を山に囲まれ、耕地が少ない。その一方で、中国の各方面へとつながることができた。盆地を貫く新安江《しんあんこう》は浙東に入って富春江《ふしゅんこう》となり、最後には銭塘江《せんとうこう》として杭州湾に注ぐ。峠を越えて西に進めば長江にいたり、くだれば江南、さかのぼれば四川に向かうこともできる。江西省を経れば、広東や福建に出ることも可能である。

山に囲まれて耕地が少ないという不利を、四通八達という地の利を活かし、この盆地に暮らす人々は商業に活路を見いだしたのである。山地に入り木材や石材を伐採して、特産を作り出した。唐代から宋代にかけて、徽州は歙硯《きゅうけん》、徽《き》墨《ぼく》、澄心堂《ちょうしんどう》の紙、汪伯立《おうはくりつ》の筆とならび称される文房四《ぶんぼうし》宝《ほう》を生産することで知られるようになる。南宋の時代には、皇帝の所在地として建築が進む首都・臨安、現在の杭州に、木材や薪炭などの山地の物資を供給した。

盆地に閉じこもることなく、外に積極的に打って出る気風は、住民の視野を広げる。その一方で、山に囲まれた地勢のために、外部から兵乱が及ぶことはない。落ち着いた環境のなかで、学術が発展した。朱子学を創始した朱熹《しゅき》（一一三〇～一二〇〇年）の父は徽州盆地に連なる婺源《ぶげん》県（現在の江西省上饒《じょうじょう》市婺源県）の出身であり、母は歙県で生まれた。明代の徽州では朱子学が受容され、朱熹が重視した風水論（後述）が定着していた。そうした徽州の風土は、鄭舜功が著した『日本一鑑』の隅々に影響を及ぼしている。

一五世紀なかば、徽州出身の商人は塩の取引を起点に商圏を拡げ、中国史上、もっとも有名な商人グループを形成する。「徽州商人」と研究書では記載されるが、本人たちは徽州の古来の雅称である「新安」を名乗り、史書には「新安商幇」として登場する。彼らは儒学を習得し、目先の利益にとらわれず、信義を重んじたところから、「賈而好儒（賈《こ》にして儒を好む。賈は、商人）」という自意識を保った。

鄭舜功がみずからの出身を、同時代の行政区の名称ではなく、「新安郡人」と記したところに、彼の自負を読み取ることができる。なお、明代には別に広東省に「新安県」があり、鄭舜功の出身を「広東省の新安」とする解説が見受けられるが、それは誤りである。

徽州は前章で言及した許兄弟や王直の出身地でもある。特に王直は歙県で生まれており、鄭舜功とは同郷である。鄭の人生を暗転させた胡宗憲（後述、一五一二～一五六五年）もまた、徽州は績渓県の出身であった。

奉使宣諭日本国

鄭舜功は生没年不詳である。どのような経緯で日本に関心を持ったのか、なぜ日本国に赴いて宣諭しようと思い立ったのか、何歳のころに日本に渡ったのかも、皆目不詳である。

鄭舜功は『日本一鑑』のなかで、

嘉靖癸未《きび》(一五二三年)、布衣の鄭舜功は、日本国に宣諭することを奏上した。(「窮河話海」巻九「接使」)

と、日本に対する提言を明の朝廷に出した旨を唐突に述べる。「布衣」については、すぐあとで説明する。

一五二三年は、寧波事件が勃発した年にあたる。まだ倭寇が中国を襲うという事態には至ってはいないが、日本が朝貢のルールを無視して争乱を引き起こしたことが、朝廷のなかで問題となっていた。鄭が自らの見解を奏上した理由として、この寧波事件があると考えて、間違いはないであろう。この推測が正しいとしたら、事件発生のその年のうちに提言をまとめるに十分な日本に対する知識を、すでに持っていたと考えられる。

日本側の史料に、鄭舜功が一五二九年に日本に渡ったとするものがある(中島敬、一九九四)。江戸時代前期に紀伊守護職の畠山氏の旧臣らが編纂した軍記物『畠山家譜』享禄二年(一五二九年)二月条に「[二月]上旬に大明の鄭舜功が昌虎首座を連れて来朝した」とある。さらに五月条には、「大明の鄭舜功が昌虎首座とともに洛（京都）に入り、畠山左京大夫義忠に謁見して、〔漢方の〕妙方（処方）を伝授し、明の皇帝の命令を告知した」とあり、さらに日本人は漢方を日本の品名に比定し、絵師の土佐光信（一四三四?～一五二五?年）が薬種の形態を描いたという。昌虎首座は京都南禅寺の僧侶であり、これが日本に漢方が伝わる最初であるという（東初、一九八五）。鄭舜功が薬材を扱う商人として日本に渡った経験があるため、倭寇の被害が拡大した一五五〇年代に、日本国を宣諭する役目に抜擢《ばってき》されたと、推測する研究者もいる（鄭永常、二〇一四）。

しかし、寧波事件のあとしばらくのあいだ、中国から日本に渡るルートは遮断されており、中国に渡った南禅寺の僧侶が鄭舜功とともに帰国したことを裏付けることはできない。また、南禅寺は応仁の乱で伽藍が焼失したのち、一六世紀には再建されていない。『日本一鑑』にも、一五二九年に渡日したことを匂わせる記述はない。そもそも、畠山義忠は一四六三年に死去しており、土佐光信も一五二五年前後に死去したとされる。信頼に足る情報とは言い難い。

しかし日本に渡らなかったとしても、もし漢方の処方が日本に伝わる過程に鄭がかかわっているならば、薬種の取引で、朝貢船で渡来した日本の僧侶と交流していた可能性はある。また、漢方に精通していたとすると、鄭が博物学的な見地から日本の諸物を観察していることを、説明できる。本草学と呼ばれる東アジアの博物学が、漢方の基礎である。

鄭舜功が国使として日本に赴くことになった経緯について、彼は次のように述べる。

年は乙卯《いつぼう》（一五五五年）、〔私は北京の〕皇城に赴いて〔みずからの見解を〕申し上げた。皇帝の見識のおかげで、〔官僚でもないものが自説を奏したことを〕愚昧であるからしかたがないと私を罪とはせず、特別に兵部に〔私の意見を〕下し、指示書を総督の役所に送り、浙福軍門（浙江と福建の軍事を掌《つかさど》る部局）に転送し、浙江司道に伝達して、私が日本国に赴き、夷情（日本の情報）を採訪し、タイミングを見計らって〔日本側に〕上諭を伝え、帰国したら報告させよ、という運びとなった。（『窮河話海』巻九「接使」）

兵部とは六つある皇帝直属の中央行政機関「六部」の一つで、軍事・国防を掌る。このときの兵部の長官「尚書」は楊博《ようはく》（一五〇九～一五七四年）で、対倭寇政策を「御倭方略」としてまとめていた。楊は鄭舜功に「国客」の名目を与えて、日本に派遣することを決定した。

「国客」の名目は、奉使（朝廷の命を奉じて使する）の際に、本部の楊の指示によって決められた。ただし中国は百年来、未だかつて日本に使節を派遣したことがない。それ故に使命を辱《はずかし》めることがないように、辞令をあえて受領しなかった。しかし、国客の名目は、これに先立って忠信の言があり、これを悟るには仁義の道があり、これを要するに文徳の教えがある。蛮貊《ばんぱく》（野蛮）の民をして、化日（文明に浴する日々）のもとに楽しむようにさせることは、おのずから夏（文明）を用いて夷（未開）を変ずる一端となると言えよう。（『桴海図経』巻一）

明朝の使節は、一四三三年に足利義教《よしのり》のもとに派遣されたあと、一二〇年あまり途絶していた。鄭舜功のこの記述では、正式の辞令が発給されなかったのは、鄭本人の申し出であるように記されている。その代わり、非正規の「国客」という名目が与えられた。直訳すると、国家の客人であり、公人としてではなく、私人として国務を担え、ということになる。きわめて危うい立場である。外交交渉のために使節を派遣するという前例がないため、尚書の楊博が辞令を発給しなかったと考えられる。楊博は翌一五五六年に父親の喪に服するため、その任から離れる。訪日の任命書を与えられることなく、しかも鄭を日本に送る方針を定めた官僚も、離職して責任を取ろうとはしない。鄭舜功の悲劇の遠因は、そこに発している。

「総督」とあるのは総督南直隷浙福軍務で、江南から浙江・福建までの広域にわたり、倭寇対策のために臨時に設けられたポストである。鄭舜功は、総督に着任したばかりの楊宜《ようぎ》（生没年不詳、一五二三年進士合格）から「奉使宣諭日本国」の使命を与えられ、日本に渡る準備を始めることとなった。しかし、彼が日本に向けて出帆する直前に、楊宜は政争に巻き込まれて離任、その知らせは鄭に届かなかった。鄭舜功の帰国後の苦難は、そこにも起因する。

「布衣」という自負

鄭舜功は、みずからを「布衣」と認識していた。中国における「布衣」とは、官服に対して平服を指し、役人ではない庶民が着用する衣服を意味する。そこから転じて、官位を持たない一般平民を意味し、明代においては科挙試験を受けていない人を指した。つまり鄭舜功は、平民であることを自覚していた。

平民である鄭舜功が、日本対策を提言し、日本に渡った動機については、いくつかの見解が出されている。その一つは、「明代には平民でも防倭平倭の件に献言献策の制度があり、献策が採用されると朝廷から任官され、出世する道があった。『日本一鑑』の作者鄭舜功はこのルートで委任され、日本へ派遣された」というものである（武・熊、一九八九）。また、「倭寇に苦しめられる同胞の姿に接するなかで「奉宣諭日本国」することによって倭寇の鎮静化に貢献し、史書に名を残そうとして日本渡航を決意した事情が読み取れる」とするものもある（中島敬、一九九四）。ただ私には、任官を目指したり、後世に名を残したりするといった具体的な動機だけでは掬《すく》いきれない、侠気を鄭に感じる。

鄭舜功は日本に赴く動機について、みずから次のように述べている。

年は庚戌《こうじゅつ》（一五五〇年）、倭寇が猖獗《しょうけつ》を極め、人民が被害を受けた。〔朝廷は〕将に命じて兵を派遣し、遠近の地方は争乱に巻き込まれた。

私はもともと草茅《そうぼう》（片田舎）にありながら、聖明の世に生まれ、先の世の忠義を思い起こし、書史には軍旗を常とすることに想いをいたした。奮起して脇目も振らずに広く情報を訪ね集め、我が王朝の祖宗の定めた原則を仰ぎ見たとき、その深く聡明な志に感動したのである。

さらに広く求めても、いまだに異国を鎮める策略を究められない。謹んで忠信を保ち、文徳を広く宣伝し、夏（文明）をもって夷（野蛮）を教化し、〔争乱の〕源を塞ぎ、〔問題の〕本を抜き、〔中国の〕東南が将来に亘って安泰となる計略を成そうと切望するのである。（「窮河話海」巻九「接使」）

鄭舜功は自らを「草茅」とする。この言葉は、「草莽《そうもう》」と同義で、在野の志士というニュアンスを持つ。「草茅危言」という四字熟語がある。これは、官位を持たない志士が、国政について正しいことをありのままに言う（危言）という意味を持つ。罰せられることを恐れずに、自説を奏上するために北京に上ったという鄭の行為は、まさにこの熟語を体現しているといってもよい。「〔鄭舜〕功賤学疎、不登科甲」（私は身分が低く学に疎く、科挙に合格していない）、「〔鄭舜〕功雖寡学無知」（私は浅学無知であるが）などの文言が散見されるが、それらは謙遜にすぎないであろう。

鄭舜功が生きた明代後期から清初にかけて、中国にはこうした草茅の志士が数多く登場した。その時代背景として、明朝の国力が衰え、王朝が交替するなかで危機感を抱き、異民族の清朝に仕えることを潔しとしない人士が現れたことが、まず挙げられる。

一五世紀なかばに銀使いの貨幣経済が復活したことも背景として挙げられる。つまり仕官しなくとも文才や学識、技能を活かせば、生計が成り立つようになったのである。出版業の興隆は、文学者や評論家といった文筆業を成立させた（大木、二〇〇四）。官僚に雇われて「幕友」となり、上奏文を代筆したり、ブレインとして政策をまとめたりして、生活するという道もあった。

思想の面では、科挙試験のための学に堕し、硬直化した朱子学を批判して、陽明学が広まったことも挙げられよう。陽明学の標語として、「満街これ聖人」（街のいたるところに、聖人がいる）というものがある。志を持ったものは、誰でもひとかどの人物たりうる、というこのメッセージは、「布衣」という生き方を肯定するものである。鄭舜功自身が陽明学に心酔していたか否かは、定かではない。

しかし、「布衣」であることに誇りを持っていたことは間違いない。

2　観察する渡海者

日本への航海

総督南直隷浙福軍務の楊宜から渡日の使命を与えられると、鄭舜功はさっそく準備を始める。まずは同志を募る。沈孟綱《しんもうこう》などの同行者を募り、血を啜《すす》って盟を結ぶ。具体的にはニワトリの頸動脈に刀を入れて、したたる血を器に取ってともに口に含んだものと思われる。忠義の一心、忠を尽くして国に報じる意志を確かめ合ったのである(『窮河話海』巻九「接使」)。

朝貢制度に基づく日中間の正規の往来では、浙江省の寧波から出航することが定められていた。しかし、鄭舜功が渡海する時期には、浙江の沖合では海賊が跳梁《ちょうりょう》しており、安全な航海を保障できない。そのため、鄭は広東省の広州から渡航することにした。

『窮河話海』巻六の「海市」の項では、一五三〇年代に「広州の密貿易の商人は、掲陽県民の郭朝卿から始まる。初めての航海で暴風に遭遇し、日本に漂着した。帰国するとまた商売するために出かけた」とあり、また『桴海図経』巻一では、広東の海商の郭朝卿は、米穀を福建の漳州・泉州で売ろうと航海したところ、風のために漂流して日本にたどり着いた、これを契機として広州発の日本航路が開かれたと述べている。鄭舜功が渡日を企画した時期には、広州発の密貿易船が日本とのあいだを往来するようになっていた。

嘉靖三五年の端午（一五五六年六月一一日）を過ぎ、風向きは日本渡航に適する時節となり、鄭舜功一行を乗せた帆船は、広州の港を出た。日本までの船旅について、鄭は「万里長歌」と題する七言の詩でまとめ、一節ごとに詳細な割注を付して、地理的な説明を加えている（「桴海図経」巻一）。その冒頭、

欽奉宣諭日本国　皇帝からの命を奉じて日本国に宣諭せん
駆馳嶺海乗槎出　嶺南（広東）の海を馳《は》せんと、槎（いかだ）に乗って出る
五羊歌鼓渡三洲　五羊（広州）の鼓歌は三洲を渡る
先取虎頭出幞頭　まず虎頭に進路を取って、幞頭《ぼくとう》に出る

割注では、

五羊とは広〔東〕省の駅名であり、三洲とは水中の地（砂州）で、五羊より二十余里（約一〇キロ。当時の明の一里は五〇〇メートル強）にある。私は道をその上に取った。虎頭は海山で、東《とう》莞《かん》の東に位置し、三洲から百余里（五〇キロ）、二つの山が対峙し、虎が門を把持しているように見えるところから、虎頭門と呼ぶ。幞頭もまた海山で、東莞の東北に位置し、虎頭から百余里、二つの山が対峙し、山の形が幞頭（律令制で朝服に用いた男性の頭巾）に似ているので、幞頭

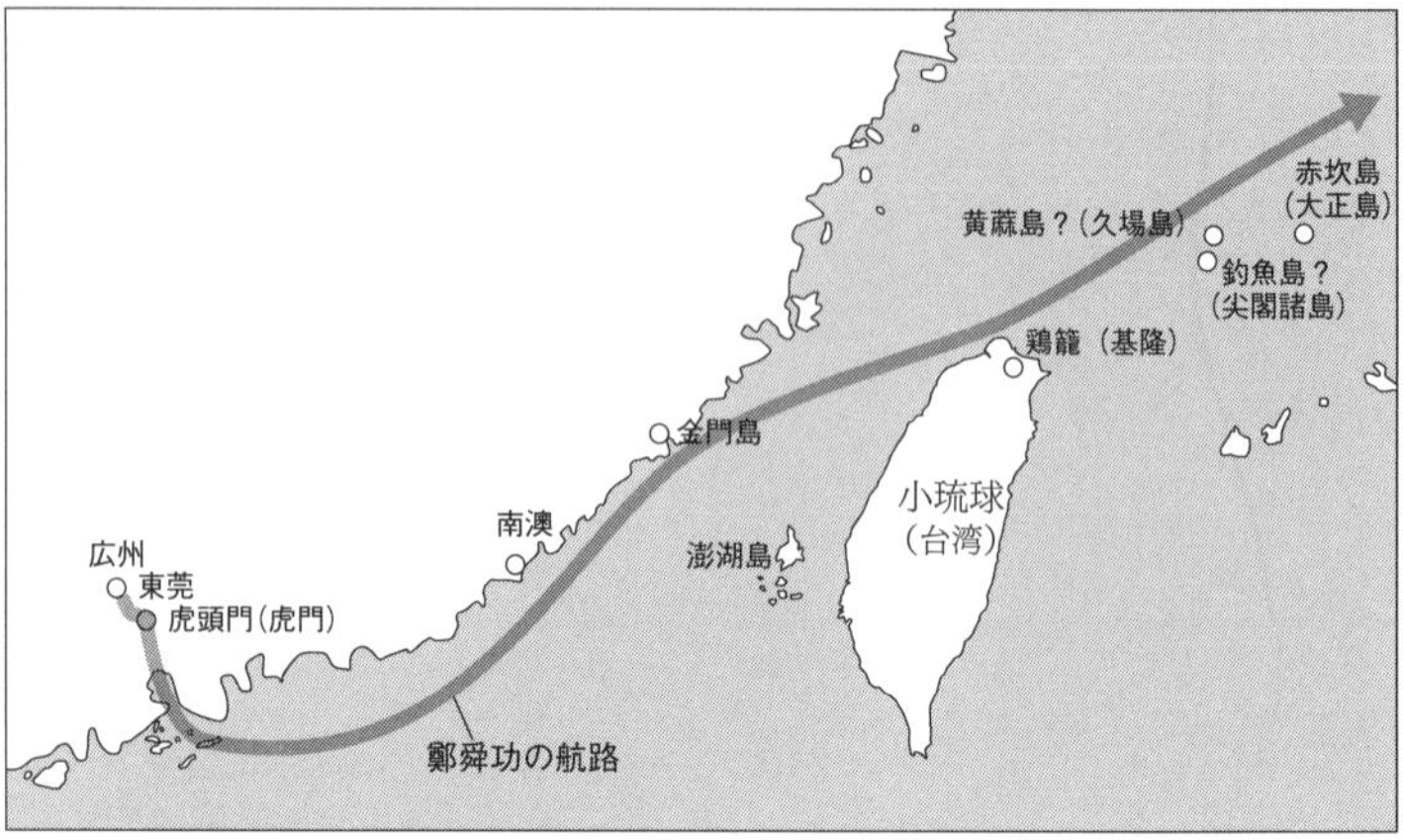

2-1　鄭舜功の航路①　広州～尖閣諸島

門という。私はちょうどそのあいだから出航した。

と航海の目印を解説する。

虎頭門とは、華南の大河である珠江の河口に位置する大虎山と小虎山のあいだの水路を指す。山の形が虎がうずくまっているように見えるところから、その名が付いた。一二七九年に南宋の水軍が元軍に敗れ、多くの家臣ならびに幼い皇帝が入水《じゅすい》した崖山の戦いの現場でもあった。欧米では、「虎門」を直訳してボッカ－ティグリス(Bocca Tigris) と呼ばれる。

福建沖から台湾へ

「万里長歌」は、一六世紀の航路に関する一級の資料である。鄭舜功らを乗せた船は、広州湾から外洋に出ると北上し、福建の沖を航行したあと、金門島の東北に位置する回頭島（未詳）から東に針路を定め、いよいよ日本に向けた航海を始める。以下は日本までの航路について、この「万里長歌」に基づいて鄭舜功がたどった海上の道を明らかにしていこう。

一自回頭定小東　回頭島から針路を小東に定めた
前望七島白雲峯　これから先、七島と白雲峯を望むことになる

小東とは中国大陸の東方に浮かぶ島で、割注には「小琉球」あるいは「大恵国」だとする。具体的には、台湾を指す。

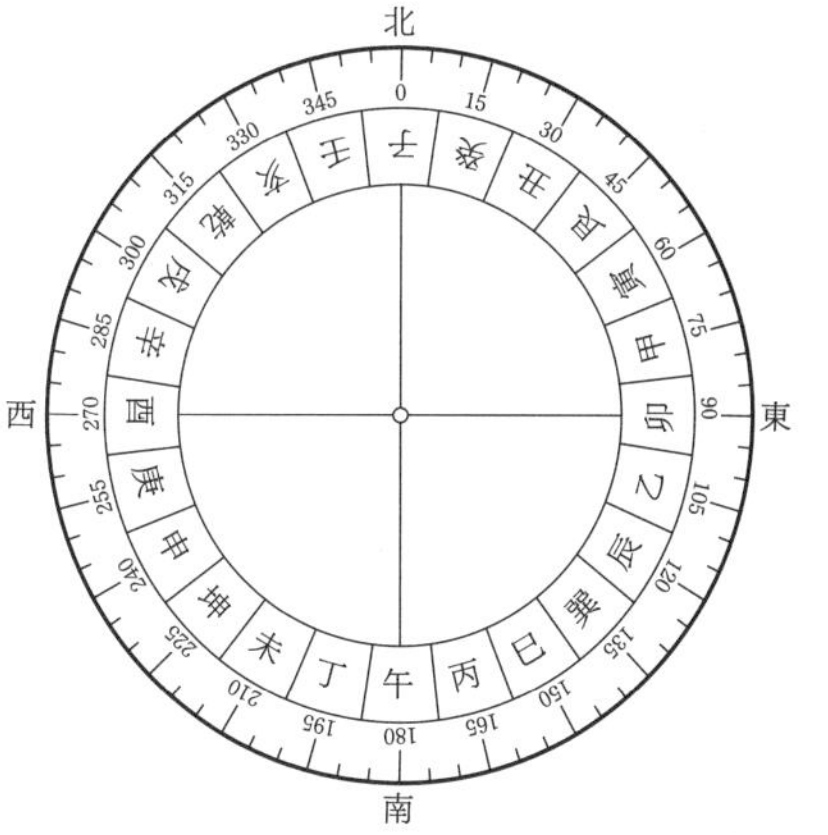

2-2　方位図

福建沖を離れた帆船は、台湾の北部の鶏籠（基隆《キールン》）を目指した。鶏籠山では淡水が出たとあり、おそらく立ち寄って飲用水を調達したと想像される。さらにその先には、七島（吐噶喇《とから》列島）と白雲峯（屋久島）が連なることになる。

鶏籠から航海すると七島。七島のあいだに琉球と日本との境界がある。七つの島々は交錯しており、島と島とのあいだの海峡は狭く、接近しているので行き過ぎないように気をつける必要があると、述べている。七島の海域からは、正寅に針路を定め、五更で屋久島に到達する。

針路については、上の方位図を参照していただきた

い。正寅は六〇度の方位となる。

ここにある「更」は、時間の単位。旧時、中国では日没から翌日の夜明けまでを五つに分けて、季節によって違いはあるが、約二・四時間ごとに区切った。町では夜回りが各時刻に太鼓を叩いて時を知らせる。航海ではこの時間単位を、昼夜を問わず用いた。線香が燃え尽きる本数で、一更を計った(中島楽章、二〇二一b)。この場合一更は季節とは関係なく、常に二時間二四分ということになる。

七島から屋久島まで五更、すなわち半日、一二時間ということになる。

白雲峯について割注で「野顧〈ヤクシマ〉」とある。すなわち屋久島である。「白い雲気が引きも切らず立ち上るため、人々は「白雲島」と呼ぶ」と説明を加える。屋久島(宮之浦岳)の標高は一九三六メートルであり、海上を渡る風がぶつかって上昇気流が生じるため、年間を通じて雲が立ち上る。鄭舜功が参考にした『航海秘訣』では、福建の回頭から艮寅(五二-五三度)に針路を取って、日本に到着するまでは七日から八日を要するとある。

或自梅花東山麓　　あるいは梅花の東山のふもとから
鶏籠山開釣魚目　　鶏籠山より、さらに釣魚島《ちょうぎょとう》を目指す

梅花は福建の金門島の北東に位置する永寧鎮の北東八〇里(約四〇キロ)に位置する。割注によると、「そこから乙辰(一一二-一一三度)に針路をとるか、辰巽(一一七-一一八度)に針路を取って十更(一昼夜)で台湾の鶏籠山に着く。そこから南風のときに卯乙(九七-九八度)に針路を取るか、西南

の風のときに正卯（九〇度）または正乙（一〇五度）に針路を取って十更で釣魚嶼《しょ》に到達する」とある。

釣魚嶼

この魚釣嶼が尖閣諸島であるか否かの判断には、慎重を要する。中国はこの島の領有を主張する根拠の一つに、『日本一鑑』のこの記載を挙げる。一方、割注の末尾に「釣魚嶼は小東（台湾）の小さな島嶼である」とあるところから、日本の研究者が提示した見解では、鄭舜功が記載したこの島嶼は尖閣諸島ではなく、基隆山から目視できる小さな島に過ぎない、一〇更という記載は間違いであるとする（いしゐ、二〇一八）。しかしいずれにしても、離島の領有権という政治問題は、近代になって生じた事象である。前近代の一六世紀の記載をめぐって議論することは、時代錯誤であると断じてもよいだろう。

鄭舜功の記載に信頼を置く立場からすると、私はやはり釣魚嶼は、釣魚島／尖閣諸島と考えたい。この場合、台湾と釣魚嶼との位置と針路との関係について、考察を加える必要が出てくる。その諸島は基隆の東北東（六七－六八度）に位置する。『日本一鑑』が記す針路は、その方位からずれている。風向きがそのずれと関係があると見るべきであろう。南風または西南風の場合、針路を海図上の目的地の方位である東北東に向けると、追い風を受けて目標から北に外れて船は進む。風の影響を補正するために、針路を真東から東南東寄りに定めたのではないだろうか。

割注ではこの島嶼の周辺では、長さ約十数尺（三メートル超）もの巨大な魦《さ》（鯊、サメ）が生息し、船の帆の影を見ると、海面に姿を現して周遊する。夜になると離れるが、光ってみえるという。鄭舜功が記すサメの種類は極めて多く、珠魦（ホシザメ Mustelus manazo）・鋸魦（ノコギリザメ Pristiophorus japonicus）・刺魦（アイザメ Centrophorus 属）・虎魦（トラザメ、イタチザメ Galeocerdo cuvier）・青魦（ヨシキリザメ Prionace glauca）・丁髻魦（シュモクザメ Sphyrnidae 科）・犂頭魦（サカタザメ Rhinobatos formosensis。英語名はその形から guitarfish）・狗頭魦（ドチザメ Triakis scyllia）・白蒲魦（オオワニザメ Odontaspis ferox）が列挙される。調べが付かなかったものに和尚魦・吹魦がある。クジラやイルカである可能性がある。吹魦は、潮を吹くクジラかもしれない。「ホラガイのように鳴くと、風雨を大いに引き起こす」などと鄭舜功は記している。虎魦のなかには、トラに化けて島の人畜を喰うものもいるとある。こうした記載を読むと、鄭舜功は漫然と波に揺られていたわけではなく、海洋を観察し、船員などからさまざまな情報を引き出していたようである。

釣魚嶼から琉球諸島

釣魚嶼から南風のときに正卯（九〇度）に針路を取るか、東南の風のときに卯乙（九七－九八度）に針路を取って四更（約九時間半）で、次の目標となる黄麻島にたどり着く。この黄麻島は、おそらく尖閣諸島の東北（四五度）、約三〇キロに位置する久場島ではないだろうか。

黄麻赤坎古米巓　　黄麻・赤坎・古米（久米島）の海山、さらに
馬歯琉球逕迤先　　馬歯（慶良間島）から琉球の逕迤《りい》に向かう

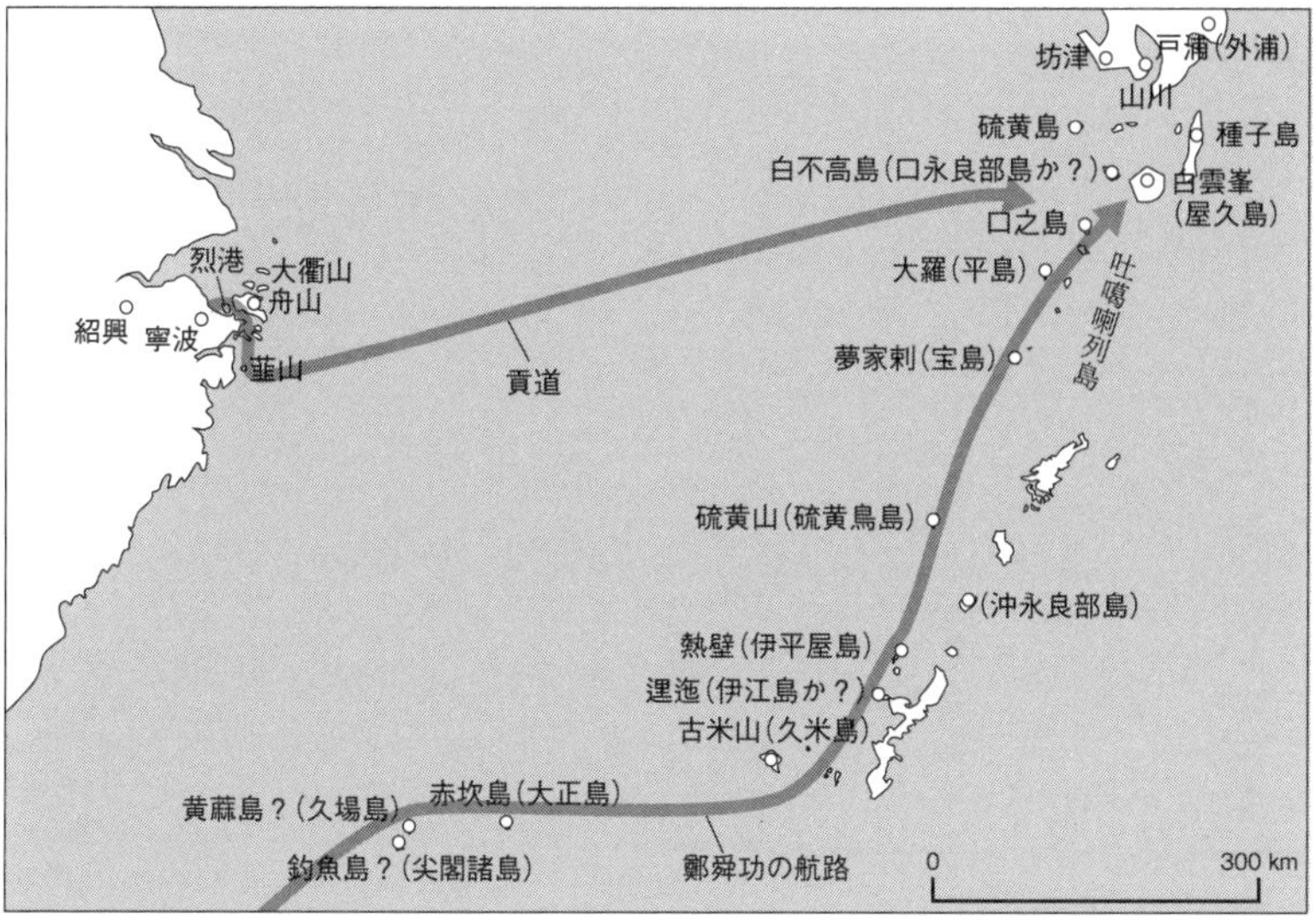

2-3　鄭舜功の航路②（尖閣諸島〜鹿児島）と貢道（明の使節の航路）

赤坎島はその文字から、赤みを帯びた島であると思われる。割注には黄蔴島から南風を受けた場合は甲卯（八二－八三度）、西南風の場合は正甲（七五度）の針路を取って、約一〇更（一昼夜）で赤坎島に、そこからさらに南風のなか正卯（九〇度）あるいは寅甲（六七－六八度）、西南風では艮寅（五二－五三度）、東南風では甲卯（八二－八三度）の針路で、一五更（三六時間）で、古米山（久米島）に到達するとある。この記載から赤坎島とは大正島であると考えられる。琉球王国の文書には赤尾嶼との記載があり、その名称からも裏付けられる。

黄蔴島から古米島までの航路について、風向きと針路の組み合わせをいくつも併記している。おそらくこの航海のあいだにしばしば風向きが変化し、そのたびに針路を変えたのであろう。

久米島から慶良間島を経て、途迤《りい》島に向かう。これから先、日本にいたる島々については、『日本図纂』にも記載がある（中島楽章、二〇二一b）。「途迤」は「斜めに連なる」という意味だが、割注に「途迤嶼」とあり、島の名である。割注には、もし「大琉球に使いするのであれば」として、那覇に入港するまでの針路を記載し、「そうしない場合には、港の外から正子（真北、〇度）に針路をとって四更（約九時間半）で途迤嶼、この島の外から南風に乗って正癸（一五度）で熱壁山に着く」とある。途迤嶼は沖縄本島の本部《もとぶ》半島の先に、斜めに連なるように浮かぶ伊江島ではないかと思われる。

熱壁行行夢家刺　　熱壁から行くと夢家刺
大羅前渡七島峡　　大羅より先に七島の海峡を渡る

鄭舜功は、熱壁・夢家刺・大羅はいずれも琉球の海域内の島であるという。熱壁島は伊平屋島のこと。明朝から琉球に派遣された冊封使の陳侃《ちんかん》が、久米島までたどりつき、もうすぐ那覇というところで強風にあおられて、入港できずに漂着したのが、この熱壁島である。陳侃はこの島から那覇港に引き返して入港するのであるが、琉球国への使者ではない鄭舜功は、那覇をやり過ごさなければならなかった。

鄭舜功の船は熱壁島から四更（約九時間半）で、硫黄山、すなわち硫黄鳥島に向かう。この島は明代・清代を通して、琉球国から中国へ貢納する硫黄の採掘地であった。一九五九年に噴火して住民が退避、そののち硫黄採掘者も去り、現在は無人島になっている。鄭舜功は「硫黄を産する島は、一つではなく小東（台湾）・日本にもそうした山がある。〔硫黄島〕島は日ごとに硝煙を吹き上げて、昼夜を問わず野焼きの灯りが天を焦がすようである。山麓には温泉が湧き出し、その湯はできものを癒やす」と述べている。

トビウオ観察記

硫黄島島から先、屋久島までの島々については、地図上の島とのつじつま合わせとなる。硫黄島島から五更（半日）で田嘉山にいたる。先行研究（中島楽章、二〇二一b）では、この島を横当島と比定している。鄭舜功はこの島の周辺で、トビウオ（Cypselurus poecilopterus）を観察している。

山（田嘉山）の左右の海洋のまにまに、鯿魚がいる。その形は尺（約三〇センチ）に満たず、翼は尾には届かない。およそ数尋《ひろ》（一尋は約二・五メートル）ほど飛ぶ。

この一段では、船の周囲で飛翔するトビウオについて記載している。この次の段にもトビウオが登場し、鯿魚の日本語の発音について、寄音で〈トヒイヲ〉としている。さらに、

両翼は尾よりも一寸（三センチあまり）ほど長く、風をはらんだ帆の影を見て、無数に飛翔し、ヒョウヒョウと音を立てる。

とある。おそらくその魚を捕獲して、詳しく観察したようである。『日本一鑑』に戦国時代日本の百科事典的な情報を記載できたのは、鄭がこうした博物学的な好奇心を持っていたからであろう。田嘉山からさらに三更半（約八時間半）で夢家刺島。さらに三更（約七時間）で大羅島。そこから二更（約五時間）で七島とある。夢家刺島は宝島、大羅島は平島であると推定される。吐噶喇列島に属する有人の島、南から宝島・小宝島・悪石島・平島・諏訪之瀬島・中之島・口之島が、七島に相当すると考えられる。この列島と屋久島とのあいだに琉球と日本との境界があると、鄭舜功は記している。七島から五更（一二時間）で屋久島。

屋久棒津我道中　　屋久島から棒津（坊津《ぼうのつ》）までの我が道中
槎浮影動撃飛猠　　船が浮く影が動き、トビウオに触れる

ここからいよいよ日本の領域に入る。割注には早くも、山城国（京都）までの航路について言及している。屋久島を起点として、京都にいたる航路については、第四章で取り上げることにしたい。「屋久島は日本いにしえの大隅《おおすみ》国の四郡であり、屋久島より硫黄島・白不高島などの島がある」と記す。白不高島は、屋久島の西方約一二キロに位置する口永良部島《くちのえらぶじま》（最高地点六五七メートル）であろう。白雲は立ち上るが、高くはない島ということではないだろうか。また甑島《こしきじま》についても言及しており、「乞島、寄音では〈コセキ〉」とあり、その港口では東に向かう海流が激しいとある。

九州沿海の航路

鄭舜功の一行は、屋久島から薩摩半島の西に位置する甑島を望むところまで、いったん北上したあと海流に乗って南下、坊津を経て、大隅半島の東岸を豊後水道に向けて北上したものと推定される。一六世紀なかば、坊津は中国との密貿易船の寄港地であり、徐海の拠点の一つである。

或取種島定延歴　　あるいは種島（種子島）を経て延暦寺に〔航路を〕定めるか
或渡棒津沿山入　　あるいは棒津（坊津）に渡って山に沿って〔日本国内に〕入る

ここで比叡山延暦寺が登場する。屋久島から種子島に船を進め、そこから土佐沖を通過して徳島県阿南市の椿泊《つばきどまり》、淡路島の南に浮かぶ奴島《ぬしま》（沼島）を経由して、堺に入って延暦寺にいたるとする。その間、約六一更（六昼夜あまり）。途中の寄港地の記載はなく、太平洋を一気に紀伊水道に向かうルートである。本書では「太平洋ルート」と呼ぶことにしよう（一六七頁下図参照）。もう一つのルートは、屋久島から坊津を経て、九州の陸地づたいに進むもの。鄭舜功らは、坊津に向かった。

棒津山河大泊開　　棒津（坊津）・山河・大泊が開け
千湊戸浦耳之隈　　千湊・戸浦・耳の奥まったところ
細島赤水遠海接　　細島・赤水は遠海に接し

竹島釜江記遇折　竹島・釜江へと曲がり込む

この段では、鄭舜功がたどった航路上の港を列挙している。山河は指宿《いぶすき》市の山川《やまがわ》港である。千湊は、「桴海図経」巻二の地図で確認すると、志布志湾の港であると考えられる。戸浦は外浦《とのうら》（日南市南郷町）であろう。細島は日向市の入江の深い天然の良港で、日向灘に面している。赤水は延岡市の漁港の一つ。竹島は大分県佐伯《さいき》市の小島であるが、佐伯港を指しているものと考えられる。釜江は佐伯市の蒲江港である。割注によると、もともと鄭舜功は種子島周辺海域を通過後、太平洋ルートで紀伊水道に向かい、紀淡海峡を通過して大阪湾に入って畿内まで直行することも考えたのであるが、台風のために流されて蒲江に漂着し、港の岸辺にたどり着いたのだという。

「万里長歌」は、鄭舜功を乗せた船が豊後の釜江に漂着したところまでたどったあと、日本全体の航路を俯瞰する段が続く。後段で再び鄭舜功自身の歴程が、次のように記される。

道広飄飄入澳浜　広州から道を取って、飄飄と澳浜《おきはま》に入り
策馬往見豊後君　馬にむち打って、豊後の君主にまみえた

呉越（江南と浙江）で事件が多発したため、渡日の起点となる寧波を避けて、あえて広州から出帆して、日本国王に明朝皇帝の上諭を伝えようとした。ところが日本の領域内に入ったところで暴風に遭遇し、京都に直行することができず、澳浜に漂着することになったのである。鄭舜功はそこから馬

で豊後の君主、すなわち大友義鎮《よししげ》（宗麟）に会いに向かった。
鄭舜功はその後、約六ヵ月をこの豊後で過ごすことになる。

澳浜の伝説

豊後水道を漂流したのちに、ようやくたどり着いた澳浜について、寄音で〈オキハマ〉と発音するとある。これは「沖浜《おきのはま》」の音を表したものだという（神戸、一九八〇）。この沖浜は、伝説で語られる瓜生《うりう》島《じま》と結びつけられる（神戸、一九九九）。

瓜生島は別府湾に注ぎ込む大分川によって形成された砂州であり、府内（現在の大分市）から五〇〇メートルほどの沖合に位置していた。一五九六年九月（文禄五年閏《うるう》七月）に起きた別府湾南東部を震源とする大地震（慶長豊後地震）によって沈んだとされている。

伝説では、次のように語られる（渕、二〇一八）。

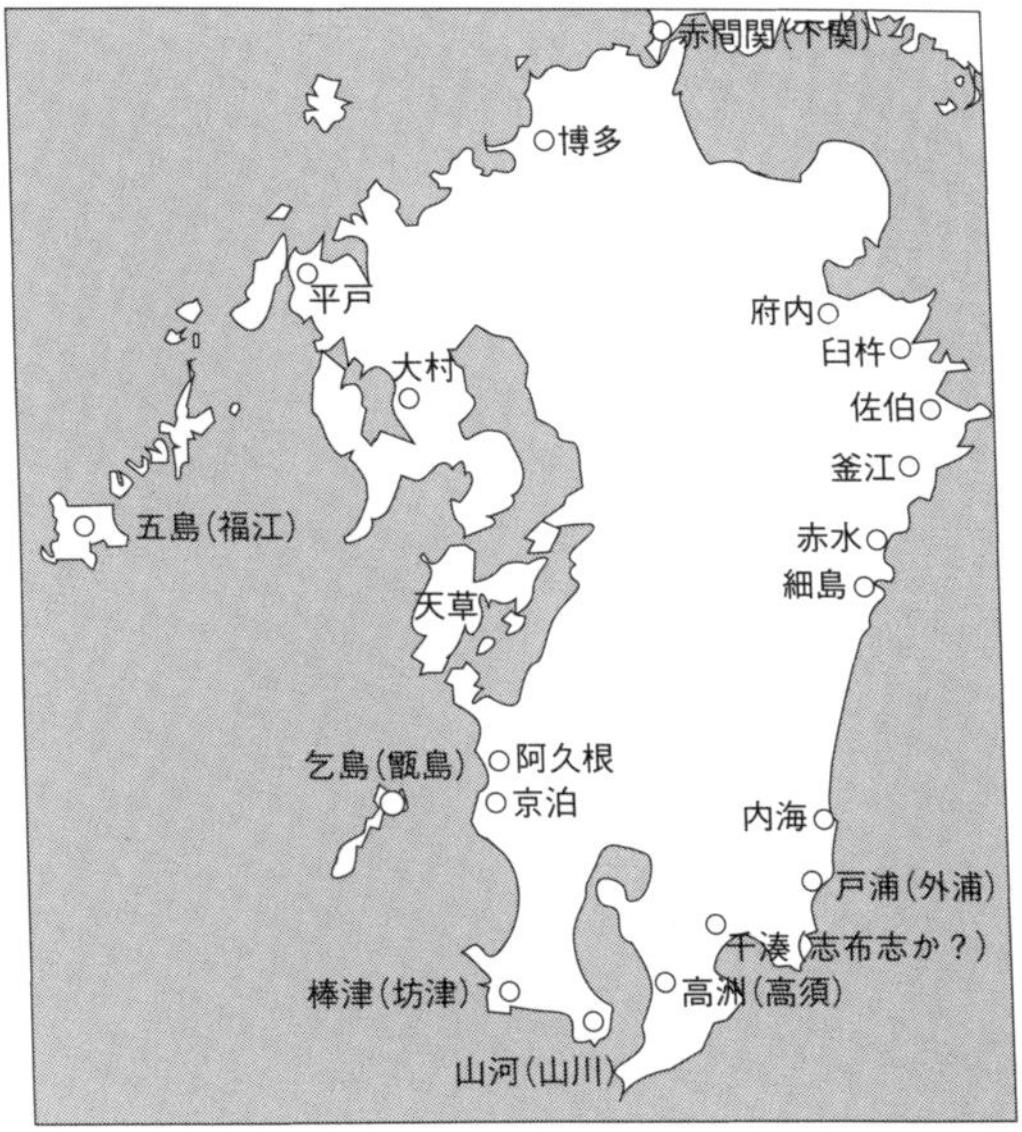

2-4　鄭舜功の航路③　九州沿岸

かつて豊後湾と呼ばれた別府湾には、瓜生島をはじめ大久光島《ひさみつ》・小久光島・東住吉島・松島をはじめ数々の島々があり、渡し舟を使って島伝いに大分と別府を繋ぐ道もあった。島々の中でも、府内沖にある瓜生島が最も大きく、一六世紀になると中国のみならず南蛮から来た船舶が係留するようになった。物流の中心として島は栄え、島の中心は沖の浜町と呼ばれ、さらに一二の村々があり、家は一千戸を超えていたという。島には威徳寺・阿含寺・住吉神社などの寺社とならんで、蛭子社《えびす》が所在していた。

島には言い伝えがあった。「この島の者は、皆仲良うせねばならぬ。諍《いさか》いを起こす者あらば、島中の神仏の怒りで島はたちまち海に沈むであろう」。蛭子社に奉納されている神将の顔が赤くなるのがその顕《あらわ》れとも伝えられていた。

島の西南端の申引《さからす》村に住んでいた医者の加藤良斎はこの言い伝えを頭から馬鹿にして、文禄五年五月のある日に、蛭子社の十二神将の顔を赤く塗った。翌六月になると、ときおり地震が起きるようになった。閏《うるう》七月一二日（一五九六年九月四日）未《ひつじ》の刻（午後二時頃）に、由布山や鶴見岳が噴火、島は大きく揺れた。揺れはいったんは申《さる》の刻（午後四時頃）には収まったかに見えたが、それから一刻後、酉《とり》の刻（午後六時頃）、再び大地震が発生し津波が島を襲った。夜が明けてみると、島影は消えていたのである。

伝説で語られる消えた瓜生島に関する記録は、為政者側にはまったく残されていないという。そこから、そもそも瓜生島は存在しなかった、という見解もある。神戸氏は、鄭舜功が大友義鎮に会うために馬で移動したとあるところから、澳浜は湾内に浮かぶ島ではなく、府内の陸地と砂州で繋がれていたのではないか、と推測している（神戸　一九八〇）。

3　日本での政治工作

豊後大友氏の発展

鄭舜功が日本に着いたとき、豊後はどのような状況だったのだろうか。大友氏の発展の過程を、過去にさかのぼって振り返ってみよう。

豊後大友氏の名字は、関東の相模国大友郷に由来し、大友氏の初代当主で鎌倉武家政権の御家人であった大友能直《よしなお》（一一七二〜一二二三年）が、源頼朝の落胤《らくいん》であったともされる。一三世紀にフビライが行った日本攻略の際に、三代目が豊後に下向した。七代当主が源高氏（足利尊氏）の猶子《ゆうし》となったときに、「源」姓を称するようになった。『日本一鑑』では、大友義鎮を源義鎮と表記しているのは、「姓」を本名とするという東アジアでの原則に則っている。なお猶子とは、読み下すと「猶《なお》、子のごとし」となり、義理のうえでの子のこと。系譜や相続などで実子と同等と見なされる「養子」とは異なり、「親」から後見されるにすぎない緩やかな関係である。

大友氏が戦国大名への路を進む転機となった事件が、一八代目の当主であった大友親治《ちかはる》（一四六一〜一五二四年）が、一四九八年に豊後への干渉を進めていた大内氏を破った下毛《しもげ》郡の戦いである。その後、一九代当主の大友義長（一四七八〜一五一八年）、二〇代当主の大友義鑑《よしあき》（一五〇二〜一五五〇年）のもとで、大友氏は筑後・肥後へと勢力を拡大する。

大友義鑑は一五五〇年に、家督相続をめぐる混乱のなかで、家臣の謀反《むほん》によって殺害された。義鑑殺害の現場が居館の二階であったので、「二階崩れの変」と呼ばれる。この争乱を収めて二一代当主となったのが、鄭舜功が面会を求めた大友義鎮である。この事件の政治的な背景は、いまだ明らかにされていない。一説によると、義鎮の背後に大内氏の勢力があることに気づいた父の義鑑が、義鎮を警戒したところに原因があるとされる。

「二階崩れの変」の翌年、中国地方から九州まで勢力を持っていた大内氏にも、家臣による謀反が起きる。大内義隆が家臣の陶隆房《すえたかふさ》（晴賢《はるかた》）に追い詰められ、長門深川の大寧寺で自害することになる「大寧寺の変」である。陶は事前に大友義鎮と連絡を取り合い、北九州の利権と引き換えに連携することを図っている。事件のあと大友義鎮の弟の大友晴英（生母は大内義隆の姉）が大内氏の当主として迎え入れられ、大内義長と改名する。

「二階崩れの変」と「大寧寺の変」は、一連の動きとみることができる。寧波事件以前の大内氏は、京都武家政権のもとで朝貢貿易を行うことで発展していたが、一五世紀なかばに王直らの密貿易が交易の主軸となる状況に対処することができなかった。陶はその状況を打破するために、守護色が抜けきれない当主を、自害に追い込んだのである。大友義鎮もまた、シナ海域の新たな動きを視野に収めつつ、陶らと連携したのではないだろうか。

大内義長を傀儡《かいらい》とした陶隆房は、一五五五年に厳島の戦いで新興の毛利氏に敗れる。一五五七年には、毛利の軍勢に山口まで攻め込まれ、義長は自刃した。こうして大内氏は滅亡するのである。その後、大友義鎮は権力の空白となった豊前・筑前に進出する。一五五九年には、豊後・豊前・筑後・筑前・肥後・肥前の六ヵ国の守護職を保有することになる。

鄭舜功が豊後に到着した時期は、厳島の戦いで大内氏が瓦解し、大友義鎮が大内氏に代わって、九州戦国の雄として勃興する、まさにそのときにあたる。

豊後における鄭舜功

別府湾の澳浜に到着した鄭舜功は、馬に跨がってどこに向かったのであろうか。もし大友義鎮が府内に滞在しているのであれば、馬ではなく歩行《かち》でもよかったようにも思われる。

鄭舜功が苦難のすえに豊後に到着した一五五六年七月、豊後を治めていた大友義鎮は、臼杵《うすき》に居住していたと考えられる。到着直前の弘治二年五月（一五五六年六月中旬）に小原鑑元《おばらあきもと》の謀反があり、義鎮は府内から臼杵に居を移していたのである。このときには、すでに三方が海に囲まれた丹生島《にぶしま》城（臼杵城）の、すくなくともその基礎が築かれており、政治的中心となる条件を備えていた（臼杵市史編さん室、一九九〇）。

臼杵では鄭舜功は海蔵寺塔頭《たっちゅう》の龍法庵に滞在し、日本研究に専念した。海蔵寺はいまはなく、門前地区の谷間に残る石垣や池の跡から、寺の姿をしのぶことができるという。その寺域は広く、現在の戸室《とむろ》の台にまで及び、多くの塔頭があった。龍法庵もそのなかの一つであろう。

豊後に到着後、鄭舜功は大友義鎮の活動について、次のように語っている。

自ら「大明の国客」の名をもって、西海修理大夫《せいかいしゅりのだいぶ》の源義鎮を諭して、支配している六国（豊後・豊前・筑後・筑前・肥後・肥前）に〔海賊を〕禁圧させた。その他の列国には、ただ書状を送付して禁止させようとしても、効果がない。そこで、私は必ず日本の王に説諭して、国じゅうあまねく禁止させるべきだと考えた。（『窮河話海』巻九「接使」）

鄭舜功を明の国客として迎えた大友義鎮を「西海修理大夫の源義鎮」と記している。西海とは九州を指し、修理大夫とは朝廷から大名に与えられた虚飾の官位である。もとは宮城の修理・営繕を行う部署の長官であるが、実際にそのような業務を担ったわけではない（今谷、一九九二）。豊前・筑前国の守護職に任じられるのは、鄭が日本を離れたのちの一五五九年である。六国を支配しているとは、鄭が帰国後に得た情報に基づくものと考えられる。

鄭舜功は大友氏の政庁に働きかけた。

豊後の君臣は日中に政務を遂行するために、評定を開いている。〔私は〕そのたびごとに出向いて、〔倭寇対策をせよとの中国からの〕上諭を提示したところ、上諭に基づいて禁令を行うことになった。宣諭を奉じた責務を一身に背負い、評定に臨んで辺境の異人を善導したところ、忠信仁義をわきまえないものはいなかった。どうして世を惑わし、民を偽りに陥れ、禍を引き起こすことが続くだろうか。天使（中国の天子からの使者である鄭舜功）がまさに実情を正しく認識し、混乱がないことをひたすら願っていることを、異人たちは協議したのである。ここに夏夷

（中国と日本）の争乱は終息するだろう。（「窮河話海」巻三「集議」）

大友氏の支援を取り付け、鄭舜功は京都の要人への政治工作に着手する。

宣諭成功の見込み

鄭舜功は理をもって日本人を説得すれば、その趣旨は受け入れられるとの見込みを持っていたようである。「窮河話海」巻三「国法」に、次のようなエピソードが記されている。

数十年前のことである。中国の私商が『大明律令』一巻を携えて、周防に滞在していた。周防の司牧の姓は多々良氏、名は義隆、官位は大内大夫その人である。〔義隆はその中国人に〕漢詩や漢文を請うなど、親交を深めた。〔大内義隆は〕公正な行いによって衆人を心服させ、列国からも敬愛されていた。初めて『大明律令』を見て、こころから敬意をいだき、彼の地の学校の学徒に、正しい法を習得させて広く記録させた。

「中国の私商」とは、日本においては「民間商人」、海禁政策を行っている中国からすると「密貿易商人」ということになる。周防に拠点を置いた中国商人であったと考えられる。また、大内氏の姓が多々良氏とあるのは、その始祖は百済《くだら》の聖明王《せいめいおう》の子琳聖《りんしょう》太子で、周防の多々良浜に着岸したことをもって、姓を多々良、氏を大内としたといわれている。大内義隆は周防・長門・石見・安芸・豊前・筑前の守護を務め、大内氏の全盛期を造った人物。一五五一年、鄭舜功が来日する五年前に、先にも触れたように、家臣の陶隆房が起こした謀反によって、自害することになる。

この大内義隆は『大明律令』の内容を高く評価し、国内で普及を図った。それだけではない、実際に明律に則って処断した。

中国の私商が彼の地で姦淫を犯した。その姦夫・姦婦は〔姦婦の〕夫に斬殺される。私商の仲間は、〔中国の〕商人が殺害されたことを司牧（大内義隆）に訴えた。司牧は部下にその夫の一族を誅殺《ちゅうさつ》するように命じようとした。取り調べの際に、その司牧は「妻は生きているか」と尋ねた。私商は「姦淫の相手とともに殺しました」と答えた。その司牧は「これは中国の法を尽くそう」と述べて、その夫を処刑することを中止した。

ここに見る「私商」は、『大明律令』を大内氏に紹介した人物とは、別人であろう。第三章で述べることになるが、鄭舜功によると日本では理由を問わず刀を抜いたものは死罪とされていた。大内氏のこのケースでは、日本の慣習よりも中国の法律を優先したことになる。

このときに参照された『大明律』の条文は、巻之一九「刑律・人命」にある次の「殺死奸夫」であると思われる。

およそ妻が他人と姦通した場合、姦通の現場を捕まえ即時に姦夫・姦婦を殺害した夫は、〔刑罰を〕論ずることをしない。もし、姦夫だけを殺害した場合、姦婦は律に照らして断罪し、夫のいうままに「嫁売」（第三者に嫁として売ること）される。

明律に照らすと、妻と中国人の姦夫とを殺害した夫は、罪に問われることはない。大内義隆が「妻は生きているか」尋ねたのは、その場合の処置について検討するためであろう。

ここに鄭舜功は、日本人が明朝の秩序を受け入れる可能性を見いだしたのである。このエピソードに続いて、中国の礼法を日本国王に認識させるために、配下の沈孟綱などを京都に派遣したのだと記す。

京都政権への働きかけ

鄭舜功は一五五〇年代における足利将軍の権威失墜の情報を得て、交渉の相手として天皇とその周辺に的を絞った。

私の船は海に乗り出すことができず、また、豊後には道理に背く悪党がいる。そういった状況において、私は深慮し、指示書を作成して同行してきた沈孟綱と胡福寧《こふくねい》に持たせて、二つの海を渡らせて、日本の王に説諭して、情理をわきまえて〔明の〕朝廷に報い、もって東南の長久の平安を期するという計画を立てた。（『窮河話海』巻九「接使」）

鄭舜功が送り出した沈と胡は京都に赴き、「日本国王の源知仁ならびに文武の陪臣の近衛・三条西・柳原・飛鳥井・滕長慶」などと面会し、禁令を行うこととなったという。その結果、明朝の担当官に対する回答書と信旗（幟《のぼり》）とが、沈らに与えられた。沈らが安全に日本国内を通行することを、信旗が保障したと考えられる。

「源知仁」は、「知仁《ともひと》」という諱《いみな》からして後奈良天皇であることは間違いない。周知のように日本の皇族は、姓を持たない。鄭舜功もそのことは認識していた。しかし、明朝から最初に「日本国王」に冊封された足利義満が源氏の長者であり、その後も足利将軍が「源」姓で明朝に朝貢していたところから、後奈良天皇もまた、姓が「源」氏であると誤解したようである。

「近衛」とあるのは、鄭舜功の従者が上京したときに近衛前嗣《さきつぐ》と名乗っていた公家であると思われる。元服したときには、その時の将軍足利義晴から一字を受けて近衛晴嗣としていたが、一五五五年に将軍の足利義輝が三好長慶《みよしながよし》と対立する状況下で、足利将軍から距離を取るために近衛前嗣に改めた（天野、二〇一四、八五頁）。藤氏の長者でもあった。のちに、さらに前久《さきひさ》に改名している。

「三条西」とあるのは三条西公条《きんえだ》であろう。歌人としても知られているが、一五四四年には出家している。天皇には学芸進講の側面で仕えていたのではないだろうか。「柳原」とあるのは、柳原資定《すけさだ》に比定される。当時、賀茂神社や伊勢神宮からの願い出を朝廷に伝達奏聞する役を担っていた。「飛鳥井」は飛鳥井雅春であろう。当時は雅教と名乗っており正三位、飛鳥井氏は蹴鞠《けまり》の家柄であったようで、蹴鞠の縁で皇族の身近にあったと考えられる。

交渉相手となった三好長慶

「滕長慶」の「滕」は藤原姓を指す。時期的にこの人物が三好長慶（一五二二～一五六四年）であることは間違いない。

この「滕長慶」について、「その祖先は武臣の子孫であり、いまは山城の刺史（長官）として、公正に政治を行って衆を服させている。夷国はみな彼をうやまっている」（『窮河話海』巻二「人物」）と述べている。

鄭舜功が日本に滞在していた時期、足利将軍の継承と管領の細川氏内部の抗争とが絡み、京都はしばしば将軍不在の状況が繰り返されていた。皇室は足利将軍に依存することができなくなっていた。この間隙を突くように皇室との関係を深めた人物が、三好長慶である（天野、二〇一〇、二〇一四、二〇二二）。

三好氏はもともと四国から畿内への木材移出に携わるなかで、権力を強化した家柄である。阿波での権力基盤を確立すると、紀伊水道の水運を掌握するために、一五一七年には淡路に侵攻した。一五一九年には同国守護の細川氏を滅ぼし、水軍を擁して大阪湾の流通に立脚していた安宅《あたぎ》氏を服属させている。安宅氏が本拠地とした洲本城は、紀淡海峡と大阪湾南部を一望する三熊山に築かれている。

寧波事件のあと、従来の守護大名が差配する朝貢貿易が停滞すると、三好氏は一五三〇年代ごろから、遣明船を派遣していた細川氏に取って替わって、海路を掌握することに関心を持ち始めたようである。一五三九年には、三好長慶は大阪湾を見下ろす越水《こしみず》城に入城した。この城は現在の西宮市立大社小学校の近辺に位置する。本書執筆のために訪問したところ、小学校の敷地外縁の一角に、史跡の碑が置かれていた。いまは西宮の市街地を見下ろす高台にあるが、当時は兵庫津と淀川河口のあいだの海域を航行する船舶をつぶさに監視できる土地であっただろう。

一五四〇年代に三好長慶は法華宗との関係を深めたという。荘園を経済的な基礎としない法華宗は、遠隔地流通に従事する商工業者の信仰に支えられ、京都から大阪湾・西国の港町に教線を拡大し、さらに種子島・琉球を経由してアジアとの交易とも接続していたという。一五五六年に三好氏は堺の顕本寺で法要を営んでおり、法華宗を介して堺の商人との接点を結んだ可能性が指摘されている（天野、二〇一〇、二二〇～二三四頁）。三好氏は法華宗を保護することで、大陸に繋がる交易に影響力を獲得しようとしたと考えられる。

将軍の権威が希薄化するなかで、官位を獲得するためには、将軍を経由するのではなく、直接に朝廷に働きかける傾向が強くなる。一五五一年に大内義隆を打倒した陶隆房（晴賢）が、大友義鎮の弟を大内義長として推戴したとき、その官位（左京大夫・従五位下）は天皇に直奏して獲得している（今谷、一九九二、一二七～一二八頁）。武家からの要求を、天皇に伝えたのが三好長慶であった。こうした朝廷周辺の情報は、豊後にも届いていたと考えられる。

本来、明朝との交渉は、足利義満以来、将軍の専権事項であったが、時の将軍である足利義輝は一五五三年に三好長慶によって追われ、近江の朽木《くつき》に御座所を設けており、一五五八年まで京都不在であった。武家と皇室との橋渡しは、将軍が務めることができず、三好が実質的に差配したのである（天野、二〇二一、八八～八九頁）。鄭舜功の指示を受けて京都に向かった沈孟綱・胡福寧が、天皇と直接に会見することは難しかっただろう。しかし、三好が明朝使節の一件を天皇に伝奏した可能性は高い。

日本側の記録に、鄭舜功が政治工作を行ったという痕跡が残されている。摂津の国人《こくじん》領主であった塩川氏の身辺の事情を記した『高代寺日記―塩川家臣日記　下』に、次のようにある。なお、同史料は国立公文書館デジタルアーカイブで読むことができる。

〔弘治二年（一五五六年）〕七月、大明使鄭舜功、豊后《ぶんご》へ来《きたる》。京へ書上。九州ノ海賊共、大明辺境ヲ妨《さまたぐ》ル事ヲ訴《うった》フ。返書ヲ遣《や》ル。

『高代寺日記』は誰がまとめたか不明であり、記載に誤りが散見され、史料としての評価は定まっていない（鶴崎、一九七五）。しかし、鄭舜功の来日した時期に摂津守護代であった三好長慶に関する情報を、摂津国人の塩川氏は入手できる立場にあり、この記述の信憑性《しんぴょうせい》は高い。また、この記載は後世に編纂された『京都将軍家譜』にも収録されている。

この記載によると、誰が返信を出したのか不明ではあるが、京都武家政権は鄭の訴えを無視せず、何らかのアクションを取ろうとしたとみられる。鄭の工作は、一定の成果を収めていたとみてよいだろう。

日本の氏姓

鄭舜功は日本の氏姓を、どのように理解していたのだろうか。『日本一鑑』に「氏姓」という項目を設けており（『窮河話海』巻一）、その前段には、次のようにある。

隋代・唐代の記録をみると、〔日本の〕王の姓は「阿毎《あめ》」とある。また、『宋史』などの諸書を調べると、その王は「王」姓だという。本国（明代）の書には、「夷にはもともと姓というものがなかった。国王の嵯峨〔天皇〕がその子女に〔姓を〕賜り、十二楼の姓として「源」氏とした。その次の年に「平」「滕（藤）」「橘」を創り、合わせて四大姓となった。

その後、分かれて百姓となった。その内、二十姓が公家、八十姓が武家である。俗に武家を称して、「物武八十姓《もののふ》」という。源・平・滕・橘の一族は、増えて夷中の諸島に広がった。ただ源姓氏が王を継承し、古くから今まで変わることがない。その源姓氏は永楽の時代に初めて〔中国で〕知られるようになった。平姓を名乗るものには、鬼神大夫がいる。滕氏は代々、武家である。宋代に滕木吉が商船に便乗して〔中国に〕入朝した。いま、名前を長慶とする者は、山城の刺史であり、夷は君子だと称え、列国はみな彼を敬愛している。

鄭によれば、日本はもともと姓がなかったとするが、正しくはない。六世紀ごろ大和朝廷を支えた豪族たちは「氏《うじ》」を称し、朝廷から王との関係を示す「姓《かばね》」が与えられた。「氏」を認めて「姓」を与えるのは大王（七世紀末から天皇）であり、自身は姓を持たなかった。中国から律令制が導入され、戸籍を編纂するときに、庶民にも姓が与えられた。しかし、律令制が形骸化すると、「氏姓」制度も社会に定着しなかった。

九世紀に嵯峨天皇がみずからの子女を一括して王氏から切り離すときに、そのすべてに「源」姓を与えた。その後、天皇がその皇子を臣籍に移すときには、「源」姓を与えるようになった。こうして姓を与えた天皇の名を冠した源氏が、数多く生まれることとなる。嵯峨源氏・村上源氏などであるが、そのなかの一つ、清和天皇の系譜を引く清和源氏は、武家の標識となった。こうした源氏は、「准皇族」ということになる（岡野、二〇〇三）。

平安時代のなかばには、中・下級の貴族たちが国司などの役割を得て地方に下向し、土着するなかで、源・平・藤・橘などの姓も、地方武士の世界にまで広まっていった（坂田、二〇〇六）。なお、姓は女性も父から継承する。つまり夫婦別姓であった。

一一世紀、一二世紀のころから、「家《いえ》」が土地や職業を、父から子へと継承するようになると、家を表す標識として、「苗字」が生まれる。苗字は自ら名乗るもので、地名であることが多い。たとえば足利という苗字は、下野《しもつけ》国足利荘（現在の栃木県足利市にあった荘園）に由来する。その地は、清和源氏の系譜に属する源義国が開発した荘園であったとされる。祖先がその領地を持っていた場所の地名が苗字となり、子孫に受け継がれていく。したがって家の経営に加わる親族は、嫁入りしてきた女性を含めて、同じ苗字を名乗ることになるのである。

鄭舜功が記す「鬼神大夫」は、第三章で言及することになるが、豊後の伝説的な刀工として知られる行平である。また、「滕木吉」の名は、『宋史』所収の「日本国伝」に「咸平五年（一〇〇二年）、建州の海賈《かいこ》（貿易商人）の周世昌は台風に遭って日本にいたる。およそ七年して帰還するときに、その国の人の滕木吉を連れてきた。上（皇帝）は彼らを召して謁見した」とあるところに拠る。

この「氏姓」の項を読むと、どうやら鄭舜功は、「源」は日本国王の姓、「滕」はその国王を警固する武家の姓と誤解しているようである。そのために、三好長慶を「滕」姓としたのかもしれない。

4　慌ただしい帰国

ライバルの蔣洲

鄭舜功が豊後に滞在していた時期に、倭寇問題解決のために別の使節が明から送り込まれ、大友義鎮ならびにその弟で陶氏に請われて大内氏の当主となっていた大内義長と、交渉を進めていた。その人物の名は、蔣洲《しょうしゅう》という。

鄭は蔣の動向を把握しており、『日本一鑑』にもその実績が記載されてはいるが、一切、その名を明記していない。知り得た情報を細大漏らさず記載している鄭ではあるが、蔣洲はその名も思い出したくないライバルだったのであろう。

同じ時期に同じ目的で、別々に使節が日本に派遣されたのは、なぜなのか。日本に滞在した鄭舜功から少し話題を変えて、明朝の内部事情について述べておこう。

治世の年号にちなんで嘉靖帝として知られる明朝第一二代皇帝の朱厚熜《しゅこうそう》（一五〇七〜一五六七年）は、従兄に当たる先代が世継ぎを残さずに死去したため、傍流から一五二一年に即位した。即位後、先代の皇帝の父、つまり厚熜にとっての伯父を、父として祀《まつ》るべきだという意見が官僚から出される。厚熜はあくまで実の父を父とすることを譲らず、反対する官僚を排除した。これは「大礼の議」と呼ばれる。朝廷が紛糾するなかで皇帝の寵臣となった官僚が、厳嵩《げんすう》（一四八〇〜一五六七年）である。厳嵩は文才に恵まれ、皇帝が実父の陵墓「顕陵」を湖北省で造営したときに、石碑建立の監督役として現場に派遣された。その復命報告書には、石碑を建てるや瑞祥が現れたと記されていた。皇帝は喜び、厳に目を掛けるようになった。一五四九年には、官僚機構トップの内閣首輔となる。

厳嵩の後ろ盾を得て倭寇対策の実権を握ろうとした人物が、趙文華（生年不詳〜一五五七年）である（神戸、一九九九）。江南で暴れ回っていた倭寇を一五五五年に一時的に鎮圧した総督の張経（一四九二〜一五五五年）を、趙は讒言《ざんげん》によって失脚させ死に追いやり、その後任に腹心の胡宗憲を充てようとした（夏、二〇一九）。その画策はすぐには実現されず、倭寇対策を担うことになったのは、鄭舜功を日本に送り出した楊宜である。楊から鄭舜功に与えられた任務は、日本国王に倭寇対策を行わせるところにあった。

一方、胡宗憲—趙文華—厳嵩ラインの倭寇対策は、シナ海の密貿易商人を統括していた王直に働きかけて、海上の秩序を回復させるというものである。胡は浙江と福建の軍務を管轄する役職に就くと、有能な人材を幕友（顧問）に招き、情報を収集するとともに対策を練った。

徽州出身の胡は、おそらく徽州人ネットワークを使って王直の身辺の情報を集めたと思われる。王直を自らの軍門に招く方針を定めると、まず監獄に捕らえられていた王直の母親と息子を迎えて、丁重にもてなした。次いで、日本にいる王直のもとに、使節を派遣する準備を進めた。

日本派遣正使の白羽の矢が立ったのは、寧波出身の蔣洲である。王直と親しかったため、疑いを掛けられて拘束されていたとされる。その人となりを記した黄宗羲の「蔣洲伝」によれば、遊俠との付き合いを好み、管楽をたしなみ、平素から酒・歌を好み、投壺《とうこ》というギャンブルに余念がなかった。しかし、話し始めればその見識の高さがうかがわれ、人付き合いがよく、日がな一日語り合っても飽きることがなかったため、各方面に広い人脈を持っていたという（黄宗羲『南雷文約』巻三）。副使には、同じく寧波出身の陳可願が選ばれた。

蔣洲らの動向

一五五五年九月に日本に向けて出立した蔣洲らは、台風に遭ったうえに海賊に襲われ、いったん寧波に引き返し、一一月に再び出帆して五島にたどり着く。ここで僧侶と接触し、日本国王に指名されている将軍の威光はすでに衰え、実権を握っているのは豊後の大友義鎮と周防の大内義長であると告げられる。

五島で一行は王直の養子であった王滶《おうごう》（本名は毛烈、生没年不詳）と面会している。王滶は蔣洲に「日本で国王と謁見しても意味がない。その間には徽王がおり、島夷（日本人）から重く見られている」と告げる。この徽王こそ、王直そのひとであった。蔣洲は王滶を通して平戸に在住していた王直に連絡を取り、五島で面談して説得に成功する。

ここで使節は二手に分かれる。正使の蔣洲は日本に残った。副使の陳可願は王滶、王直のもとで通商に携わっていた夏正などを伴って、一五五六年四月に帰国し、胡宗憲に復命する。このとき、鄭舜功を送り出した楊宜は、趙文華の画策によって倭寇対策の任を解かれ、胡がその役割を引き継いでいた。この情報を得る前、鄭舜功は広州を出帆しており、事態の急展開について知るところはなかった。

一方、日本に残った蔣洲は、平戸・博多を経て豊後の大友義鎮と、府内で面会した。そこで、胡宗憲が日本国王あてに用意した檄文を示したのである。その檄文には、つぎのようにある。

特に正使の蔣洲と副使の陳可願を派遣し、檄文を通知させる。もし王がよく祖宗の大法を守り、聖朝（明朝）の恩義を思い、部民（支配している人民）の横行を憤り、〔役人に〕分担させて厳しく取り締まり、許可なく海洋に出没して中国に侵攻させず、辺境の秩序を回復して不穏な動きを生じさせないようにして、互いに平和の福を享受できるようにすれば、本司（蔣洲らの使節）は、王のために〔明朝の〕天子に上奏して、その労を大いに表彰されるようにする。（『籌海図編』巻二）

檄文を伝えられた大友義鎮は、弟の大内義長にも使者として僧侶を派遣し、蔣洲来訪を伝えた。さらに九州で勢力を持っていた大友義鎮の後ろ盾を得た蔣洲は、王直とともに九州の大名のもとを訪ねてまわることになった。現在、東京大学史料編纂所には、蔣洲が対馬宗氏に倭寇禁圧を求めた公文書「蔣洲咨文」が収蔵されている。咨文とは、対等の役所同士がやりとりする際に用いる様式である。ホームページに原文が、読み下し・日本語訳を添えて掲載されている。

この文書には、嘉靖三五年一一月三日（一五五六年一二月三日）の日付があり、おそらく蔣洲が豊後に滞在中に書かれたものと考えられる。この時期、鄭舜功は豊後の臼杵に滞在中であり、面会しようとすれば可能であったが、おそらく両者は直接に顔をあわせることはなかったであろう。

鄭舜功が足利将軍京都不在の情報を得て、後奈良天皇ならびに三好長慶と交渉したのに対して、蔣洲は京都に向かうことなく、九州の有力者に倭寇禁圧を説いて回るという選択を行った。鄭と蔣との方針の相違は、それぞれの日本認識の違いに基づく。

蔣洲の帰国

鄭舜功は大友義鎮と王直、ならびに蔣洲の動向について、蔣の名を挙げずに、次のように記載している。

丁巳《ていし》（一五五七年）、源義鎮（大友義鎮）は、僧の徳陽を派遣して朝貢した。私が考えるところでは、徳陽が〔中国に〕来た原因は、〔明朝から〕派遣されてきた人（蔣洲を指す）が、王直を招いたところにある。招かれて〔王直が中国に向けて〕出発する際に、義鎮は父の義鑑が嘉靖丙午《へいご》（一五四六年）に、その国の都に勘合一通の支給を要請して、僧の清梁を朝貢させたが、〔正規の十年一貢の〕時期ではないということで、〔明朝から〕突き返された。その勘合がまだ豊後にあるので、義鎮は僧の徳陽に〔その勘合を〕持たせて朝貢の証票としようと考えた。〔これに対して〕王直は「持たせてはいけません、あらためて〔勘合の〕発給を要請すべきです」と告げた。また「印章を偽造して、表文に捺印して中国に赴くのも一計です」と告げた。派遣されてきた人

（蔣洲）は、過ってそれに従った。（『窮河話海』巻七「奉貢」）

解説すると、周辺国が中国に朝貢する際には、貢納品とともに表文（目下から目上に差し出す形式の文書）を提出する必要がある。この表文は、中国から朝貢国と認められた際に下賜された「××国王之印」を押すことで、正式のものであることが証明される。なお、この印章は、朝貢国のランクに応じて金印・鍍金印と決められており、朝鮮および日本は金印、琉球は鍍金印である。

日本の朝貢が認められたとき、明朝皇帝の朱棣《しゅてい》（永楽帝）が下賜した金印が、一四〇四年に義満の手元に届いている。しかし、応仁の乱以降の長引く戦乱のなかで、その印章は行方不明となってしまう。表文に押す国印を偽造するにあたって、一五世紀なかば以降、朝貢を担ってその実務に関する情報を持っていた大内氏に、大友義鎮は支援を求めたのである。おそらく大友氏の手元には、金印の印影が残っており、それを手本にして印章が偽造されたものと考えられる。

現在、毛利博物館にその印章が伝えられている。「印面は一〇・一センチの正方形、高さは向って右側四・一センチ、左側三・五センチ、上方側面に「上」と線刻し、下方側面には「日本国王臣源」の墨書がある。印面は「日本国王之印」の六文字を二字あて三行に深く刻んでいる。この印を捺印した大内義長の証判には「日本国昔年欽奉大明国勅賜御印壱顆」とあり、「日本国王臣源」の墨書」がある（毛利博物館ホームページ）。

蔣洲は一五五七年四月に王直、大友義鎮の使者となった僧の徳陽・善妙、大内義長の使者となった僧の龍喜とともに、数十隻の海洋船に分乗して、中国に向けて平戸から出帆した。その船団は途中で台風にあい、王直を乗せた船は朝鮮まで流され、遅れてしまう。

七月に蔣洲と徳陽は寧波に到着するが、勘合を持たず、また書状に国印が押されていなかったため、投獄される。蔣洲を派遣した胡宗憲は、豊後から朝貢の使節が来たものの、正規の勘合もなく、山口から来たものは金印の文書はあるものの、国王の名号ではないと述べて、蔣洲が朝貢の原則を踏み外したとして、弁護しなかった。金印が捺印されていると胡が記しているところをみると、国印偽造は見破られなかったようである。

遅れた王直は、善妙を伴って一〇月に舟山島の岑港《しんこう》に到着する。その後の王直については、終章で触れることにしたい。

鄭舜功の帰国

ライバル蔣洲に先んじられることを恐れた鄭舜功は、嘉靖三五年一二月下旬(一五五七年一月中旬)に、沈孟綱と胡福寧が京都から戻ってくるのも待たず、慌ただしく帰国の途についた。大友義鎮が明朝に派遣することになった僧の清授が、同行することになった。

冬の西風が吹きつのる時期であり、日本から中国に向かうには適していない。周囲のものが、なぜこんな時期にと、止めるのを振り切っての出帆であった。

案の定、外洋に出たとたん、暴風に遭遇する。そのときの状況を、「窮河話海」巻九に収められた「海神」のなかで、詳しく語っている。航海の艱難《かんなん》と海洋の脅威を、これほど具体的に語る記述はないので、訳出しておこう。

外洋に出ると風がにわかに逆巻き、暗礁に触れて梶が破損する。しかも漏水が始まり、船倉の板敷きの数枚に及ぶが、どこから水が入っていたのか分からない。神に占いを立てると、舵倉であると出た。実際に調べてみると、たしかに穴が開いている。それを塞ぎ、船は沈没を免れた。風に煽《あお》られて、大琉球にまで流され、見ると二つの岩山が峨峨《がが》と刀のように切り立っている。石剣門という。岩山のあいだを進むと、海路が狭まっている。神の加護を祈り、我が船はかろうじてそのあいだを抜け出ることができた。

船の飲用水が不足した。現地のことばで〈エラフ〉という小島に停泊し泉の場所を尋ねるが、遠くて夕暮れになっても行き当たらない。夜になり風を得て船を走らせると、天の明かりのもとで、石畳のあいだに泉が湧きだし、虹が立つように水をたたえている。人に水を取らせ、ようやく船の衆は生き返った。

風に吹かれて一昼夜、梶の先端が二十箇所ほど折れたので、船の予備の木材で交換しようとしたら尽きてしまい〔修繕できず〕、梶はすべて折れてしまった。船の衆が祈禱すると、光を放つ火で、大きさが一升ほどあるものが、船に降りてきて、異様な匂いが人々を襲った。

やがて風がやや穏やかになり、予備の梶に交換して順風を帆にはらんで進んだ。ただ梶は着水しているだけ〔操作することができない〕。夜は漆黒の闇。衆が祈禱していると、一筋の光が射し、あたかも船を曳航《えいこう》するようである。こうして大回りをして広州にたどりついた。

この帰路は四〇日ほどを要したという。

遭難しかけたときに船に降りてきた火の玉は、おそらくセントエルモの火であろう。悪天候時などに船のマストの先端が発光する現象で、尖《とが》った物体の先端で静電気などがコロナ放電を発生させ、青白い発光現象を引き起こすものである。

苦難の末に本国に帰り着いた鄭舜功は、功績を認められないばかりか、投獄されてしまう。京都に派遣された沈孟綱たちは潮州の海上で取り調べられ、報告書は廃棄、その身は投獄・処刑された。また、大友からの使者・清授も四川に配流された。

帰国後の鄭舜功、ライバル蔣洲の足取りについては、終章で触れることにしたい。

第三章 凶暴なるも秩序あり

九州北部と対馬海峡

日本に渡り、その目で日本人の姿を観察した鄭舜功は、明代の中国、否、その後の中国でも修正されずに残った「凶暴な日本人像」に惑わされずに、戦国時代の日本人の姿を『日本一鑑』に書き残した。その記録は、イエズス会の宣教師などのヨーロッパ人とは異なる視座に立っている。また、一六世紀なかばには九州から畿内にかけて、多くの中国の渡海者が拠点を定めたことも、伝えてくれる。

本章ではまず凶暴な日本人像の起源を訪ねたあと、鄭舜功がそのイメージに対して、どのような解釈を施したかを確認する。そのあと、『日本一鑑』に見られる日本人の実像を紹介していこう。鄭が認識した日本人像は、中国人の感覚からすると凶暴ではあるが、その立ち居振る舞いには秩序があるというものであった。鄭はそこに日中の国交を正常化させる可能性を見いだしたのである。

1　日本人のイメージ

倭人を描いた二幅の絵巻

本書の冒頭で掲げた図を、あらためて見て欲しい。一七世紀初頭、明代における日本人のイメージは、頭髪を抜き取り、もろ肌脱ぎで日本刀を担いだ、いかにも凶暴な姿で描かれている。そのイメージが一五五〇年代に中国の沿海部を襲撃した倭寇に由来することは、二幅の絵巻物によって確かめることができる。

　その一つは研究者のあいだで「抗倭図巻」（縦三一㎝、横五七〇㎝）と呼ばれるもので、北京にある中国国家博物館に収蔵されている。もう一幅は「倭寇図巻」（縦三二㎝、横五二二㎝）と呼ばれるもので、東京大学史料編纂所に収蔵され、広く知られている。近年、この二つの図巻の研究が、日中の研究者の協力のもとに、進んでいる（須田編、二〇一六）。いずれの絵巻にも、凶暴な日本人の姿が描き込まれている。

「抗倭図巻」では絵巻のなかほど、海上から河川をさかのぼって侵攻した倭寇が官軍の追撃に応戦する場面で、倭寇の一人が手にする旗に「日本弘治一年」と記されている。これは西暦の一五五五年に当たる。また、絵巻の末尾あたり、城門の前に立つ兵士が抱える旗には「田州報効狼兵長」の文字を読み取ることができる。田州とは明代に広西に置かれた田州府であり、まさに一五五五年に倭寇対策を進めた張経が動員した広西のチワン族などによって編成された軍団であることを示す。この軍団は狼のように猛々しいことで知られるが、一方では軍紀に従わず、民間人に被害を与えた。

　一五五五年には徐海の率いる倭寇の一団が、王江涇《おうこうけい》（浙江省嘉興市秀洲区）で明軍に大敗している。その後しばらくのあいだ、倭寇は沈静化した。この「抗倭図巻」は、この戦勝を記念するために作成されたと考えられる。この年は、鄭舜功が渡日するために準備を始めていた時期に相当する。

　一方、「倭寇図巻」については、赤外線撮影で肉眼では捉えられなかった文字が明らかになったことで、研究が飛躍的に進捗した。絵巻の冒頭、海上から岸に近づこうとしている船に翻る旗に、「弘治四年」の文字が読み取れる。この日本の年号は、一五五八年にあたる。絵巻のなかほど、右側から

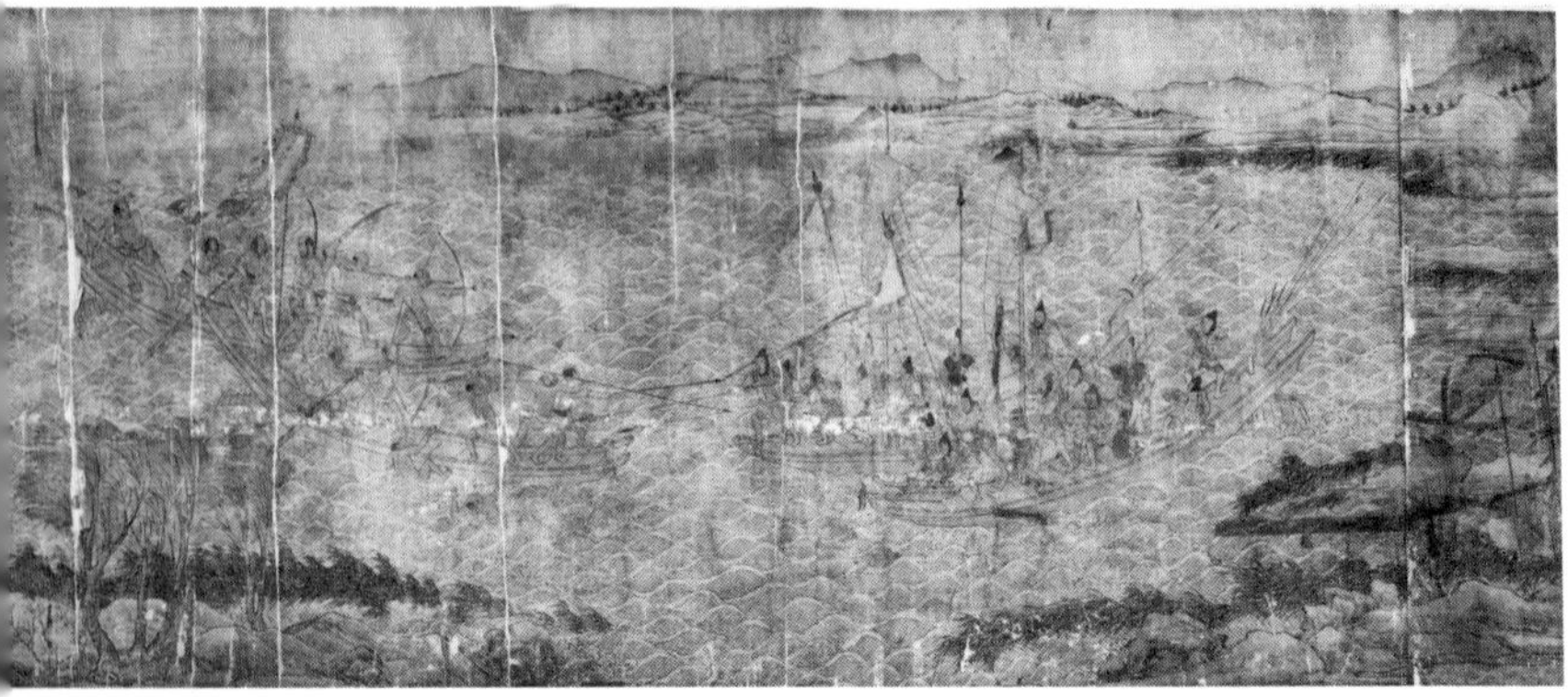

3-1　官軍と倭寇。「抗倭図巻」部分。中国国家博物館蔵　写真提供・CPCphoto

押し寄せる倭寇に対抗するために船で繰り出した官兵が掲げる旗に「大明神捷海防天兵」、船尾で翻る旗に「粛清海□□倭夷」と記されている。このことから、この「倭寇図巻」は倭寇が中国の沿海地域を大挙して襲撃した「嘉靖大倭寇」の記憶を反映していることが明らかとなった。

一五五八年は王直が捕縛された年でもある。明軍が江南のほとんどの地域で倭寇の侵攻を退け、治安を回復した時期でもある。明軍の戦功、特にその指揮を執った胡宗憲の軍功を視覚的に顕彰するという目的で作成された、という推測も出されている。また、鄭舜功が日本から帰国した翌年ということになる。

「抗倭図巻」「倭寇図巻」は、いずれも明軍の戦功を顕彰しており、絵巻に描き込まれた弘治一年（一五五五年）・弘治四年（一五五八年）と間を置かずに作成された。鄭舜功が『日本一鑑』を執筆していた時期に、日本人の凶暴な姿が日本人のステレオタイプ化されたのである。

明朝の海禁政策のもとで、朝貢以外の日明間の交流が禁止されていたため、日本人と中国人が直接に接する機会は、き

3-2　官軍と倭寇。「倭寇図巻」部分。東京大学史料編纂所蔵

わめて限られていた。まれに中国に到着する遣明船の乗組員だけが、正規に来訪する日本人であった。一六世紀に倭寇が中国沿海地域に来襲するようになると、倭寇のイメージがそのまま日本人像と重なるのは、無理のないことであろう。『日本一鑑』に先行する日本に関する類書『日本考略』では、「倭夷（日本人）はすきをうかがってたくらみ、狼のように欲が深く、見れば劫掠《ごうりゃく》を行い、憎たらしいことは禽獣《きんじゅう》のようである」と述べている。

なぜ日本人は凶暴なのか、鄭舜功は風水論に基づいてその理由を解き明かしている。

風水で読み解かれた日本人の気質

明代の知識人は、素養の一つとして風水論に習熟していた。風水論は「陰陽五行」に関する思弁を基礎にして構築された環境学である。鄭舜功も風水論を身につけていた。

なお『日本一鑑』では「風水」とは呼ばず、「堪輿《かんよ》」とする。中国語の辞書で「堪輿」の字義を調べてみると、「堪とは天道」「輿とは地道」を意味するという。天の道、地の道を流れているものは、「気」である。中国人は古来「気」の流れが万物を生成すると感じてきた（上田、二〇〇七）。天道と地道に沿って、気が流れて森羅万象を創生する。気は高みから低きへと流れ、上と下という序列を発現させ、この序列はおのずと秩序を形づくる。この気の流れが出現させた秩序を、「理」と呼ぶ。堪輿とは天と地のあいだを流れる気を読み取り、そこに現れる理に即して現実を観て、その観察に基づいて行動する、それが堪輿だということになる。

堪輿の視点から、日本人の気質について、次のように論じている。

この日本列島は、陰が極まったなかで生じたもので、硫黄島などを隆起させたものは、けだし陰が極まり陽が混濁し、気が鬱屈して蒸散したものである。しかし〔陰の気は〕漏れ尽きることはなく、〔日本列島で〕発現すると乾燥した「火」の性格を持つようになる。山の勢いはゴツゴツとして荒々しくなり、日本人の凶暴な気性を産みだしている。

尋龍経（風水書）によれば、万物の精は、見上げると天の星〔水星・火星・木星・金星・土星〕に対応するという。地上においては山岳がそれぞれの星に見立てられ、山岳〔の性質〕は星と対応している。

人もまた大地の気に感応して生まれるという。それゆえ日本人の性格が凶暴なのは、まさに地の気がそうさせているのである。（『窮河話海』巻一「地脈」）

鄭舜功は日本人を凶暴だとする。なぜそのような結論にいたるのか。少し迂遠だが、鄭の思考の道筋をたどるため、陰陽五行とは何か、というところから説明を加えておこう（上田、二〇〇七）。

五行説は中国古来の動態的な分類枠である。遅くとも戦国時代、紀元前三世紀には水・火・木・金・土という五つのカテゴリーで物事を説明するという考え方が成立していたと考えられる。

五行のこの順番は、人の生活に必要な資材を、もっとも切実なものから並べていったものではないか、と推定されている。水がなければ人は生きてゆけないし、火がなければ暖を取り煮炊きすることもできない。火を熾《おこ》し、家を建てるには木材が必要であり、木を伐《き》ったり水を沸かしたりするには金属の用具があれば便利であろう。そして最後に、すべての資材をもたらす土が置かれたという。この素朴な五つという枠で森羅万象のすべてを分けようという思索を生み出した。

五行のそれぞれのカテゴリーに付随するイメージは、

水＝下降（水流が降るイメージ）
火＝上昇（火炎が燃え上がるイメージ）
木＝成長（樹木が伸びるイメージ）
金＝清浄（金属の形が整ったイメージ）
土＝生育（土壌が生物を育むイメージ）

というものである。

漢代になると五行説は陰陽説と結びつけられ、暦から天体の運行、政治や自然災害など、ありとあらゆる現象を説明する体系が打ち立てられる。そして日本人の気質も、陰陽五行で読み取られたのである。

天の星と地の気

鄭舜功が参照したという「尋龍経」について、管見の限りでは似たような書名の書籍はあるが、ずばりこの書名の風水書は見当たらない。一般的に「大地を流れる龍脈を尋ねる秘訣を記した書」ということで、特定はせずに風水書の知識によるならば、といった意味であろう。

鄭舜功は風水書に基づいて、日本列島には「陰」の気が流れ、山地はその影響を受けて「火」の姿を現すとする。こうした大地に感応して、そこに暮らす日本人の気質は、荒々しい凶暴なものになると結論づけるのである。

風水論では大地の山の形は、天体の水星・火星・木星・金星・土星と対応し、山の地勢を説明する用語となっている。風水的にすぐれたとされる山の形の順番で、簡単に五行にもとづく山の性格を整理しておこう。

金星に対応する山地は、山頂が丸く、肩がなだらか、山稜は平らで、山腹が広々としている地勢。でっぷりと太りきったような悪い相がなく、良い地勢とされる。

木星の山は、全体が端正で、そびえ立つ。山頂は丸く、山麓はつまっている。形状は、かつて大臣が朝廷で手にしていた「笏《しゃく》」を思わせる。木星の山はおのずと滋養の風格が備わり、剛暴の気（つまり陰の気）に抵触することがない。そのために良い地勢である。

土星に対応する山は、稜線が角張り山腹との境界が明瞭、山の頂上部分が平らで頭は四角、山の全体の姿は整い落ち着いている。頂上部分が斜めにならず、生まれつき大らかな気を授かっている、と

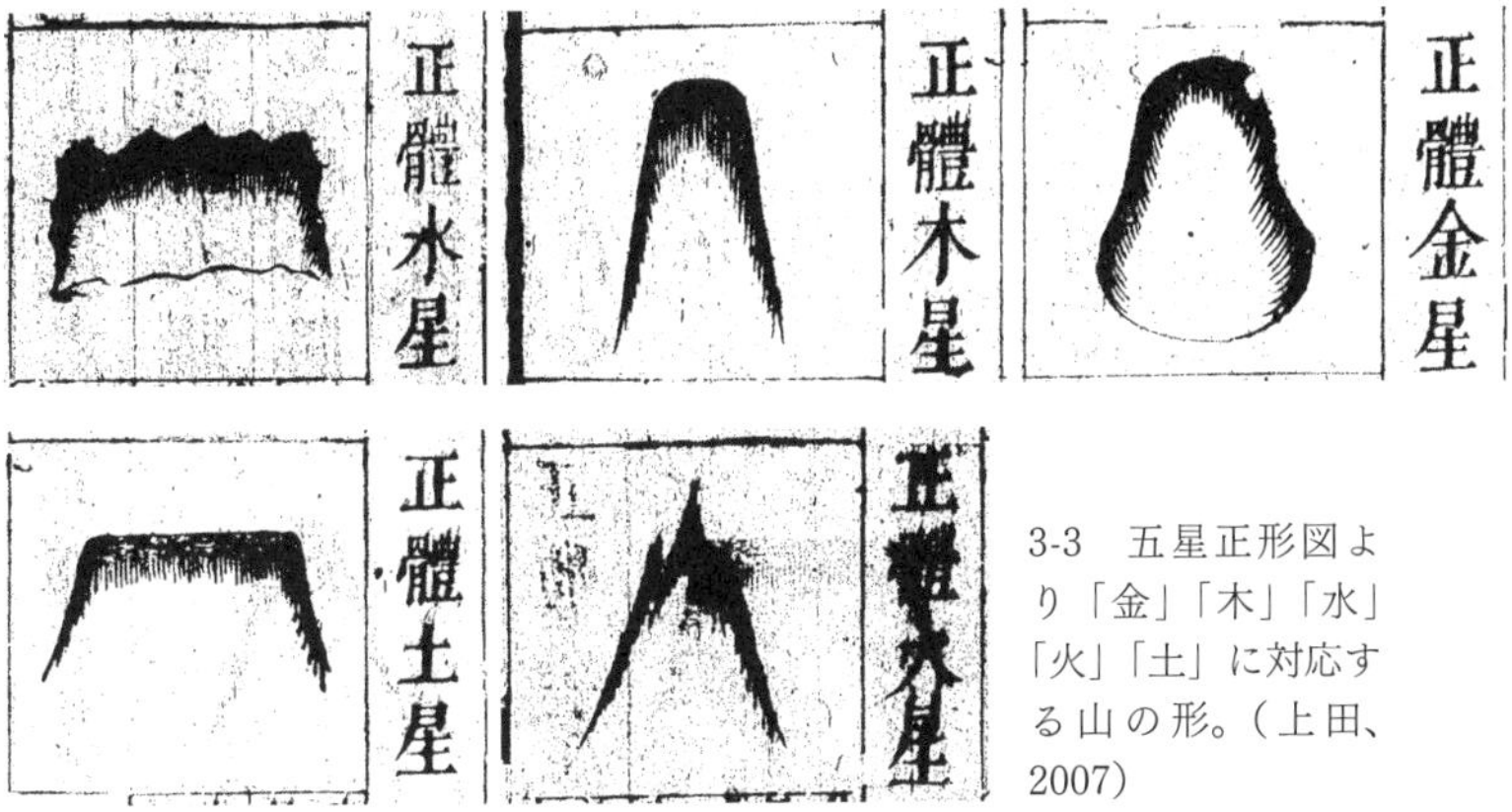

3-3　五星正形図より「金」「木」「水」「火」「土」に対応する山の形。（上田、2007）

される。

山稜がボコボコと波打っているような姿をしていると、水星型の山となる。陰陽論で分類すれば、陰ということになるのであろう。そのために人間界に活力を与える陽の気を引き込むことはない。しかし、水星型の山脈は気を遠くまで届けているとされる。それゆえに水星型の山は、山々の「祖」（根源）ともなり、水が木を育てるように、人里の近くの木星型の山などに活力を与えると考えられる。

火星型の山は、全体の形が直線的で、山頂がとがり、稜線がギザギザと層をなしている。山を造っているものが岩石であるか土砂であるかにかかわらず、形が炎を吹き上げているように見える。こうした山は「殺気」（生命力を奪うような陰の気）が旺盛で、近寄るべきではない。ただ火星型の山も、水星型の山脈と同じように、他の類型の山に気を送り届け、山々の「祖」となり、その山の麓を生々とさせる機能を備えているとされる。

こうした山の形は、その麓に暮らす人々の気質にも影響を与える。

日本人は「火」の気質

鄭舜功が日本列島の山々を火星型とし、そこに日本人の気質を読み取ったのは、実際に鄭が見た山が火を噴いていたからであろう。

中国大陸からシナ海を経て日本列島に接近するときに、硫黄島に鄭舜功は上陸したと思われる。「島の地面からは硫黄ガスが吹き出し、煙を立てている。夜には野焼きのように天を焦がす」（「桴海図経」巻三「天使紀程」）と、実見した情景を描いている。そして、日本人の気質は、この島のように苛烈なのだという。

鄭は六ヵ月のあいだ滞在した豊後の府内で、地下から噴き出す温泉を目にしたであろう。豊後には硫黄を噴出させる山もある。鄭にはその山を実見するゆとりはなかったと思われるが、こうした山に関する情報には接していたであろう。また、九州の肥前と肥後は、古くは「火の国」と呼ばれ、阿蘇などの火山が多い。九州を出ることのなかった鄭が、列島全体を「火」に見立てたのは、無理もないことである。

日本列島の山々は「殺気」をはらみ、その大地を流れる気に感応して、日本人の気質は凶暴なものになる。これが鄭舜功の結論である。しかし、日本に渡り、実際にその社会のなかで日本人を観察して、その凶暴さが、戦国時代の日本における秩序を保たせている点も、見逃さない。

『日本一鑑』で展開される日本論の冒頭にあたる「窮河話海」巻一所収の「本伝」は、漢代から明代まで、日本の歴史の概略を述べたあと、鄭舜功が来日した時期の日本に話題が及ぶ。

嘉靖年間（一五二一～一五六六年）になると、商人が奸悪な輩と密かに通じて嘆かわしいことを行うこと、すでに十年あまりとなっている。対策に当たるべき官憲が要領を得ないために、争乱をいまだに鎮めることができない。〔元代の地理書〕『羸蟲録《るいちゅうろく》』『異域志』や〔明代の〕『〔日本〕考略』などの諸書は、みな〔日本人を〕倭寇と同一視している。

日本に渡ってその社会を観察した鄭舜功は、中国人が倭寇しか知らないため、倭寇のイメージで日本人を論じることに異議を唱えたあと、次のように述べている。

〔私は〕宣諭を奉じて〔日本に渡り〕、詳細に彼ら〔日本人〕を観察した。海寇（海賊）は〔日本では〕「破帆（バハン）」、あるいは「白波」と呼ばれており、発覚すると一族が皆殺しにされる。〔日本の風俗では〕強盗の禁令が厳しいために、夜に門に扃（かんぬき）を掛けなくても、盗みは少ない。人々は〔強盗を〕賊と罵り、恨みを忘れない。その風習は武張ってはいるものの、仏を重んじ、文を好む。〔日本人に対する〕要領を得ようとするならば、文教を用いるべきである。

日本では盗賊・海賊に対しても、その凶暴さが発揮され、一族もろとも殺されるとする。また別の箇所では、風俗は賊を禁じており、一本の髪を盗んだものもみな殺される。賊を出す「島」はあるが、きわめて稀だ。〔窃盗を犯した〕死刑囚を見ると、賊だと罵り、決して忘れることはない。盗賊となることを、深く戒めているのだ。(「窮河話海」巻四「風土」)

ともある。「島」とあるが、『日本一鑑』では必ずしも島嶼《とうしょ》だけではなく、「地方」といった意味で使われることがある。窃盗に対して、苛烈な刑罰が科されたというのである。その結果、日本社会では人命を軽んじる凶暴な力によって秩序が保たれ、その秩序のもとで文化が尊重される。日本人に向かい合うときは、「文教」(文化政策)をもってすべきであるとする。

「流逋」と日本人

礼節を知る日本人が、なぜ倭寇となって略奪をするのか。鄭舜功はその理由は、「流逋《りゅうほ》」、すなわち明朝の海禁に抗して日本に渡った中国人の影響だと断じる。「窮河話海」巻四「風土」の項は、次の一節から始まる。

〔日本の〕風土を調べてみると、善良なものと邪悪なものがいる。善良なものは、もともとの風俗が良いためであるが、邪悪なものは流逋が悪の道に引き込んだのである。

このあと大名が相争う戦国時代における日本人の倫理の通し方を紹介したあと、次のように記す。

以前から渡ってきた流逋は、日本の島々に潜んで、〔日本人を〕仲間に引き込んで、中国で略奪している。日本の海域の東に位置する紀伊、西や南の山陽・山陰・若狭、さらに西の日本人で、〔流逋に〕勧誘されないところはない。名目では商売をするとするが、その実は強盗・略奪をするのである。ここ十年来、死に臨んだ倭寇の父母妻子は、死んだと知っても、声に出して泣こうとはしない。その清廉で恥を知ることは、かくのごとしである。

「窮河話海」巻三の「漁猟」の項目には、以下の記述がある。

〔日本の〕海や山、島々は草木が深いために、牛馬の群れが幾百千とあり、取って農耕や運搬に用いる。そのため夷（日本人）は、牛を耕作で使うために食べず、馬は〔人を〕載せて道を行くため食べず、犬は警固や狩猟で使うために食べず、鶏は暁を告げるために食べない。この四つは「義」とも言えよう。

〔このように「義」に篤いのに〕どうして我が国で略奪して、その住民を殺せるのだろうか。中国に入寇するのは彼らの本心ではない。日本の領主についても、そのようなことはない。すべては「流逋」が致したことである。このことは知っておかなければならない。

おなじく「窮河話海」巻三の「婚姻」の項目に以下の記述もある。

淫らな行いは、法で死に当たる。そのため婦女に淫らなものは少ない。中国の「流逋」で〔日本の女性と〕結婚するものは多い。夷（日本）の民家の侍女で〔流逋と〕密通するものがいるのである。

野島の夷は、ここ十年以来、〔中国出身の〕反逆者に従って我が国を略奪しているが、なかには流逋と結婚する者がいる。また寡婦は日本人から見捨てられるので、流逋はそれと結ばれる。日本の良民には女性が多いが、流逋と結婚することを恥としている。

「野島」は、九州から瀬戸内海を経て畿内へと向かう海上ルート上に登場する島の名前である。兵庫県姫路市の沖合に浮かぶ家島諸島を指すと思われる（第四章2節「瀬戸内ルート」参照）。ただし鄭舜功は伝聞に基づいて記している。

中国人が日本人の身なりになることもある（「窮河話海」巻三「身体」）。

中国の流逋は辺境に災いをもたらす際に、死を恐れ誅《ちゅう》されることを避けるために、よろこんで倭となる。〔倭寇に〕捕らわれた〔中国の〕男女は、やむをえず倭の奴隷となる。

倭寇に捉えられた中国人について、女性は強姦され、老弱な男性はすぐに殺されたが、屈強な男は頭髪を剃り、漆を塗って偽の倭に仕立てる。合戦のときには彼らを先頭に立てるのだということが、明代の小説叢書『古今小説』第一八巻「楊八老越国奇逢」に記されている。この小説では、捕らえた壮健な男子は、留めて奴隷として酷使し、頭をそって裸足として、刀などを与えて跳躍して戦う方法を教え込むともあり、戦力としても用いられたとある（遊佐、二〇一六）。

2　刀と日本人

日本刀の威力

明代の図像の日本人は、刀を担いだり手にしたりした姿で描かれる。倭寇対策を論じた『籌海図編』は、倭寇の日本刀の威力に注目している。倭寇は二刀を用いるとし、次のように述べている。

> 刀には大小・長短の違いがある。一人一人が長刀の一本を持ち、これを佩刀《はいとう》といった。長刀の上に小刀を差し挟み、様々な用途に用いた。一つは刺刀で、長さは一尺（三〇センチほど）で、「解手刀」（護身用の刀）と呼ばれた。（中略）大刀で柄が長いものは、先陣を切り進むために用い、殺傷力が強い。皮で鞘《さや》を綴じ、肩から背負ったり手に取ったりし、後詰めが用い、「大制」と呼ぶ。

鄭舜功もまた「刀」が日本人を象徴する物産であると認識していたのか、刀について詳細に紹介している。長文の説明の冒頭は、次のような一節で始まる（『窮河話海』巻二「器用」）。

日本人が刀を作るには、鋼は鬆《やわらか》く鉄は脆《もろ》い。ゆえに〔その刀は〕きわめて鋭利である。もし製作が丹念ではないと欠けやすいが、なまくらなものは少ない。ゆえに刀は鋭利なものを宝とする。けだし年久しく人を数えられないほど殺《あや》めていても、切っ先が真新しく、血に染まっていない刀は、これを受け継ぐことが遠いほど、その値は重くなり、百千万金にもあたるようになる。

もしこのような刀を佩《は》いて航海するものが、台風に遭遇して風が治まらないと、その刀を不祥なものとして、その値が万億であろうともこれを海に捨て、海が波を揚げぬように誓いを立てる。

日本刀の特徴は、その刀身が重層構造になっているところにある。刀はたたら製鉄で精錬された玉《たま》鋼《はがね》を材料とする。含まれる炭素の量が多くて堅いがもろい玉鋼と、炭素量が少なくて柔らかいが折れにくい玉鋼に分ける。刀身の芯となる部分は「心鉄」と呼ばれ、柔らかい玉鋼を、刀身の外側の刃の部分は「皮鉄」と呼ばれ、硬い玉鋼を用いる。「鋼鬆」は刀身を、「鉄脆」は刃の特徴を、それぞれ指していると考えられる。製造過程に問題があるために欠けやすい刀は、おそらく刀身の柔軟性が劣るものであろう。切れ味はよいものの、刃こぼれしやすい。一方、名刀は欠けることなく、鋭さも鈍ることがない。

鄭舜功が滞在した豊後では、中世から近世にかけて多くの刀工が活躍していた。豊後刀は、丈夫で折れずよく切れることで知られている。滞在中に鄭は、刀工が刀を製作する過程を実際に見ていた可能性もある。

多くの人の血を吸って、なおも一点の曇りもない刀は、名刀というよりも妖刀とすべきであろう。海を渡った日本人たちが佩いたそうした刀は、海が荒れたときに、不吉なものとして風波を鎮めるために海に投じられたのである。

不殺の刀

倭寇として海を渡った日本人は、刀で多くの無辜《むこ》の民を殺した。その凶暴なイメージは、明代中国人の脳裏に焼き付いた。しかし、鄭舜功はごく普通の日本人は、必ずしも殺傷のために刀を用いていたわけではないことを記載している。


彼の地の普通の人は、およそ諸処に出入りする際に、必ず長短二振りの刀を佩く。夜に寝床に就く際にも、必ずそれらを左右に置く。俗に鋭利な刀を造作するには、千も精錬し万も鍛造してはじめて完成するという。刀が鋭利であることを知るも、〔その刀で人を〕殺さないことをもって宝とする。

そうした刀を佩いて年老いるまで人を殺さなければ、すなわち酒を供えて僚友・親戚に命じて、書を残してその刀を子に伝える。僚友や親戚もまた、酒を供えてそれを祝う。不殺の刀といい、宝となる。刀を伝えられた子や孫もまた、このように〔人を殺めなければ〕、その刀の価値はますます重くなる。そうした刀を佩いたものは、人と交際する際に、その場に応じて行為を改めるものだ。

人を殺めたことがない刀は、その持ち主の精神的な修養の深さを象徴するものであり、そうした刀を伝承することで、その精神性も継承するのである。

一方、自制心を失って刀を抜いたものに対する厳しい咎めについて、次のように記す。

もし、あるいは酒に酔って事件を引き起こして争いとなり、刀を抜いて侮辱した場合、侮辱されたものの多くは相手に取り合わず、そのことを司牧（領主）に申し出る。すると〔司牧は〕酒の勢いで刀を抜いたものを処刑する。

また、信心と刀の関係について、

一般に仏門に入ったら、刀を佩かない。〔僧侶ではない〕俗人は剃髪しても刀を佩いているが、〔争論のときに刀を〕外すのは、悟りの心を持つからである。ただ、托鉢僧は刀を佩いている。

と述べている。

また、刀をめぐる習俗について、

およそ子どもが生まれると、男女を問わずいずれも刀を祝いの贈り物とする。貧しい家では刀は無理なので、木刀を贈る。男児は五、六歳で木刀を佩き、技を習い始める。女児といえども、その技を習うものがいる。男児は成長すると、出入のたびに刀を佩く。もし本人が仕えている頭目の家を訪ねるときには、必ずまず刀を下ろしたのちに入る。

と記している。戦国時代の日本人にとって、刀は単なる道具ではなく、その精神と深く結びついていたことを、鄭舜功の記載からうかがい知ることができる。

名刀に関する伝承

鄭舜功は日本の名刀について、詳細な記述を残している。刀剣愛好家のあいだでは周知の情報もあろうが、一六世紀なかばの情報として、ここで紹介する価値があるかもしれない。

刀には、大刀・長大刀・中刀・短刀の別がある。中刀で長い鞘に収めたものは、見た目が美しく、抜きやすい。短刀は中国の「匕銘」に類する。刀剣に属するものは、その柄の内に日本の年号と刀工の名が記され、〔造られた〕時代と切れ味を判断することができる。

と日本刀鑑定の前提を説明する。

刀には神が宿る。古《いにしえ》の平乗、行平紀新大夫が刀を造るとき、鬼神が鎚打ちを手伝ったとされる。鬼神大夫は、これを神刀と呼ぶ。

行平は一二世紀末から一三世紀初頭に刀を造った豊後出身の刀工で、その作とされる刀は国宝や重要文化財に指定されている。また、皇室に二口が継承され、そのうちの一口は天皇から皇嗣に伝承される「豊後国行平御太刀」である。「紀新大夫」の名号は、鬼が刀作りを助けたという伝承から「鬼神大夫」と記されることもある。「平乗」の文言は不詳。日本の氏姓について述べたところ（第二章3節）で、鬼神大夫が「平」姓であるとしていることと関連があると思われる。

豊後に滞在して取材した鄭舜功は、この地の出身とされる行平の逸話を聞かされていたのであろう。鬼神が手伝ったという伝承は、享徳元年（一四五二年）の奥書がある『鍛冶名字考』にはすでに、「紀新大夫がある日、太刀を造っているときに、鬼神が人に変じて来て、相共にあい打ちをするといわれている。しかるあいだに打った太刀・刀においては、『鬼神大夫行平』と銘に打つと」（天理大学出版部、一九八六）されており、戦国時代の武家のあいだでは、周知の伝承であったと考えられる。

山城刀は鋭利で、庫刀は〔中国の〕魏晋に相当する時代（三〜五世紀）以降、日本の諸王が日本全国から集めた。刀工はもっぱら兵庫で鍛造し、きわめて精緻であるため、「庫刀」と呼ばれるようになった。刀の表に「八番大菩薩」（八幡大菩薩）「春日大明神」などの号が銘じられている。その刀で今に伝わるものは、貴重である。

鄭舜功は「魏晋に相当する時代」とするが、この時代は日本の古墳時代に相当しており、反りの付いたいわゆる「彎刀」は造られておらず、「直刀」の太刀しかなかった。一方「庫刀」については、『日本考』の「倭刀」の項に対応していると考えられる。その項には「上庫刀、山城の国が盛んであった時期に、日本じゅうの名匠をことごとく集め、庫内に封鎖して期限を定めずに持てる技巧を尽くさせた。これを上庫刀という」とある。

この「上庫刀」は、後鳥羽上皇が鎌倉武家政権と対抗するために、水無瀬離宮（大阪府三島郡島本町）に、備前・備中・山城の名工を召集して、「御所作り」の太刀を造らせたという伝承に対応すると考えられる。

「御所作り」の史料上の初出は、『太平記』巻一七「隆資卿自八幡被寄事」に見られるエピソードで、足利尊氏が九州から京都に攻め上った際に、日頃から佩いていた「御所作り兵庫鏁《くさり》の御太刀」を警固に当たっていた土岐頼直に与えたという記事であるという（宮崎、二〇一八）。『太平記』は一三七〇年代に成立したとされており、鄭舜功が日本に渡ったころには、「御所作りの太刀」の伝承は、広く流布していたのであろう。

日本各地の刀

さらに、日本刀に関する鄭舜功の記載が続く。

相模・美濃刀は山城刀の次ぎ、備前刀はそのまた次ぎ〔に評価される〕。刀の表に「誓不動明王、摩利支尊天」などの仏号が刻まれている。これら〔の仏号〕は、神刀では安易に人を殺めないという誓願である。蟠龍（とぐろを巻いた龍のような）の血漕（血流し）があるものは、単に見栄えをよくするだけのものだ。刀の表に血漕があるものは、上等な刀とはいえないが、切れ味は悪くない。

美濃の名刀は、一三世紀末ごろから造られるようになる。一六世紀なかば以降、美濃は斎藤道三の居城や信長・秀吉・家康の出身地に近いため、戦国大名愛用の刀を製造するようになる。

備前の評価は山城・美濃に次ぐとされるが、名工を輩出したことで知られており、刀剣愛好家の一般的な評価と異なる。一六世紀なかばの豊後における評価が、このランク付けのもとになっているのかも知れない。また刀工は仏号を刻むことで、刀で人を殺めることを戒めているという。「血漕」は中国の刀剣に多く見られる溝で、軽量化を主な目的としている。俗説では刺し貫いたときに、溝が血を流し出し、刀が引き抜きやすくなるとされる。血漕を施した日本刀は、まがまがしい印象をあたえるため、鄭舜功はそうした日本刀は上等ではないとしたのであろう。

日本刀はまぎれもなく、武器である。しかし、名工たちは打ち上げた刀で人命が奪われないことを願っている。鄭舜功は日本人を凶暴だとする一方で、そうした匠の美学に、日本人の精神性を見いだしているように思われる。

名刀に関する詳細な叙述の最後に、鄭が滞在した豊後の刀について、次のように述べている。

豊後の刀は、富賀田より出る。その刀は山城に次ぐ。豊後の権守で鑑続と名乗るものが、一振りの古刀を持っている。長さは三尺（約一メートル）あまり、その価値は古銭で七十万貫となり、銀二千八百両となる。

ここまで述べてきたもの以外の兵刀については、叙述しない。

豊後は名工を輩出した地として、知られている。古くは平安時代から鎌倉時代の「豊後国僧」の銘を残す定秀、鬼神が手助けしたとされる行平までさかのぼる。

刀の産地として鄭舜功が名を挙げる「富賀田」については、正確な所在は不明だが、『日本一鑑』「隰島新編」巻三「所」の項に、「吉弘所、富来所、富賀所」と並んでいる。吉弘所・富来所のいずれもが大友氏配下の吉弘《よしひろ》氏・富来《とみく》氏が国東《くにさき》半島に置いた城を指しているところから、富賀も国東半島に所在していたとするのが、順当であろう。ただ、国東半島に刀鍛冶が盛んであったという記録や伝承はない。

鄭舜功は述べていないが、府内の高田地区（現在の大分市鶴崎）は、室町時代から一六世紀末まで、刀鍛冶が盛んに行われていた。そこで造られた刀は、実用的なものが多く、海外へも輸出されたという。

「鑑続」とは、大友氏の一族の臼杵鑑続《あきつぐ》（生年不詳～一五六一年）であると思われる。権守《ごんのかみ》は律令制の国司であり、豊後において大友氏に次ぐ地位である（大分県立歴史博物館主幹研究員平川毅氏にご示教いただいた）。

鑑続が所持していた古刀については詳細不明。その価格を「古銭」で表記しているのは、明代には銅銭をあまり多くは鋳造せず、中国から日本に流入し、主に用いられていた銅銭が、宋銭であったことを反映しているものと考えられる。銅銭七〇万枚は単純計算で七〇〇貫、戦国時代日本の一貫がおよその金銭感覚で一五万円程度とされるので、その名刀の価格は一億円あまりとなる。

一方、銀両は中国の価格での評価だと推定される。これまで史料を読んできた感覚からすると、銀一両は現在の日本円で三万円ほど。とすると一億円弱、ということになる。銅銭と銀両での価格はほぼ同等であり、この推定値は妥当だということになろう。

中国に渡った日本刀

名刀は、鄭舜功に手の届くものではなかったが、廉価な日本刀は入手したと想像される。鄭が日本刀に執着したのは、明代の中国では日本刀ブームが起きていたことが、その背景にある（太田、二〇〇二）。「倭刀は明代の社会で流行したが、一種の兵器であるだけではなく、ある種の技芸でもあり、意味を備えた社会文化でもあった」（王鴻泰、二〇一二）と、指摘されている。

中国には朝貢貿易で、日本刀が大量にもたらされ、政府が買い上げている。以下に遣明船ごとに日本刀の本数と買い上げ価格を列挙しておく（村井、二〇一五）。

一四三二年（永享四年）三〇〇〇把、一把の買い取り価格一〇貫。
一四三四年（永享六年）三〇〇〇把、同一〇貫。
一四五一年（宝徳三年）九九六八把、同五貫。

一四六四年（寛正五年）三万余把、同三貫。
一四七六年（文明八年）七〇〇〇余把、同三貫。
一四八四年（文明一六年）三万七〇〇〇余把、同三貫。
一四九三年（明応二年）七〇〇〇把、同一貫八〇〇文。
一五〇九年（永正六年）七〇〇〇把、同一貫八〇〇文。
一五三九年（天文八年）二万四一五二把、同一貫。

一四五一年の遣明船に同乗した笑雲瑞訢《しょううんずいきん》が得た情報によると、日本では八〇〇文から一貫文の価格の太刀が、明朝の買い上げ価格では五貫と開きがある。その後は次第に低下し、一五三九年には一貫文にまで下落した。これは日本刀の質が悪くなったということもあるが、朝貢貿易とは別に、密貿易商人の手を経て、大量の日本刀が中国に流入したために、しだいに日本での実勢価格に近づいたものとも考えられる。

武器としての日本刀の側面については、明代の多くの記録で述べられている。一六世紀後半の倭寇の構成は、日本出身者「真倭」は少なく、中国出身者「偽倭」が七割以上を占めていた。偽倭は日本人に偽装するために、日本のシンボルと見なされた倭刀を手にしていた。

日本刀の威力は、倭寇と対峙した明軍にも認識されていた。こうした、実際に倭寇と対峙した戚継《せきけい》光《こう》（一五二八～一五八七年）が、刀身の長い日本刀について述べた証言を引用しておこう。

これ（長刀）は倭が中国を犯すようになってから、中国で見られるようになった。彼（倭寇）

はこれをもって跳舞し、電光石火の勢いで前に進むと、我が〔明側の〕兵士はすでに気を奪われている。

倭寇は飛び上がり、一っ飛びで一丈（約三メートル）あまり、刀の長さは五尺（約一・五メートル）となるため、我が兵士の短い武器ではこの長い武器に応接することが難しい。敏捷によけられずに遭遇したものは身体を両断されてしまう。〔日本の〕武器は鋭利で、両手で用いるため、〔加わる〕力が重くなるためである。（『紀効新書』「長刀解」）

胡宗憲のもとで倭寇討伐に活躍した戚継光は、倭寇が沈静化したのちには、西北で対モンゴル侵略の対策に従事することになる。戚は対モンゴル最前線を守る兵士に、日本刀を持たせて、武力向上を図った。

3　通過儀礼

出産

戦国時代の日本人は、生まれてから死ぬまで、どのような風習を経ていたのであろうか。鄭舜功は日本滞在中に、聞き取り調査を行ったようである。

中国人の目からみて、日本では女性が男性よりも人口が多いことが、関心を惹いた（「窮河話海」巻三「男女」)。

調べてみると、日本では女が多く、男が少ないとある。『漢書』『隋志』から現在にいたるまで、男が少ないとある。ただし〔男が女より〕少ししか生まれないというわけではない。男が多く生まれると、風習としてそれを厭《いと》う。子を産んだ母親は、出産したときに男かどうかを調べ、男が多い家だと、すぐに赤子の身体か首を絞めて殺すのである。なんと残忍なことか。

このようにするのは、女が多いことを望んでいるからである。一般的に妻・妾が多い理由となっている。『〔後〕漢書』（東夷列伝、「倭」）には、「大人（身分のあるもの）はみな四人から五人の妻を持っている。それ以外のものは二人か三人である」とある。

戦国時代には歴史人口学の分析に堪える資料は存在しないため、この鄭舜功の記載が事実なのか、あるいは単なる印象に基づく推断なのか、判断することは難しい。戦国時代には相次ぐ戦争のなかで男性の死亡率が高く、相対的に女性の人口が多い、あるいは中国では女性が家の外に出ることが少なかったのに対して、日本では外で働いていたり、街路を往来していたりする女性が多く、漢族の目から見たときに、女性が多いという印象を与えたのかも知れない。

男子が少ない理由について、鄭舜功は続けて、次のような問答を記載している。

その昔、東夷（日本人）に風俗として男が少ないことの意味は何なのかを尋問したことがある。東夷は「そのとおり、多くてはいけないのだ」と答える。さらに「いま中国を略奪するものは、子だくさんなのか、ひとりっ子なのか」と詰問すると、東夷は笑って答えない。その様子から、〔子だくさんが〕良くないことが分かる。

多くの男子を育てた場合、長男が官位や家業を引き継ぎ、居残った次・三男が引き継げる家業はきわめてわずかなものになってしまう。多くは僧侶となる。けだし〔日本では〕民俗として仏法を重んじるためであろう。

漢族は均分相続で、兄弟は親の資産を均等に分けることが原則となる。兄弟が相争って、庭の立木まで分割したために、枯れてしまったという笑い話が伝わるほどである。一方、日本では、一六世紀なかばころ嫡子単独相続が一般的になりつつあった。そのために男子が多いことを望まないのだ、と鄭舜功は男が少ない理由を説明する。ただし、中世日本では全般的に死亡率が高く、成人するまで育つ子どもは希少であった。家業を継がせられないとしても労働力として重要であり、男児を選択的に間引いていたという鄭舜功の記載は、当時の日本の実情を反映してはいないだろう。

乳幼児期

生まれた子に対する日本の習俗について、次のように記載されている。

漁販〔の家では〕、子どもを産んで一ヵ月あまりになると、晴天の日に揺り籠を高い木に掛けて、風に揺られるにまかせる。それは航海で驚かないようにするためである。（「窮河話海」巻三「男女」）

そのような習俗が実際にあったのか、判断は難しい。しかし、中国と日本とのあいだを往復し、嵐に翻弄された経験のある鄭舜功にとって、渡海者には揺れに対する慣れが必要不可欠であると切実に感じられたに違いない。

子どもに関する行事については、次のように記す。

正月の最初の子《ね》の日に、男女はともに松のお祝いをするが、男は七〔歳〕、女は二七（一四歳）のときに行う。けだし女は多く、男は少ないことを願うからである。

これと同様の記載は、「窮河話海」巻一「時令」の正月の箇所にも見られる。この行事は公家のあいだで行われたもので、正月の子の日に松の木を引き抜いて祝った。この風習は中国から伝わったもので、日本ではその後も門松として今に残る。

女は二七とあるが、これは漢方医学の古典『黄帝内経《こうていだいけい》』に「女子は七歳で腎の気が盛んとなり、歯が抜け替わる。二七にして月経が始まり、……子どもを産めるようになる」とあることを受けていると思われる。女児の祝を一四歳のときに行うのは、子どもを授かるようにとの願いがあると、鄭舜功が解釈したと考えられる。日本の習俗でも、女性は一三歳で成人とみなされる。

子どもに対する教育については、

普通の家では、子が六、七歳になると〔家業の〕技を学ばせる。頭目〔領主〕や良家の男児は、華書〔漢字〕を習い、女児は倭字〔ひらがな〕を学ぶが、なかには華文〔漢文〕を習うこともある。

と記す。

成人式と婚姻

「窮河話海」巻三「冠笄《かんけい》」の項では、成人式に相当する男児と女児の儀礼について紹介している。

男児は年が十四、五歳になると、頭髪を剃り落とす。これを「冠」という。髪を剃る〔儀式の〕後段で、頭頂に髪を束ねる。子への加冠は代父が任じられる。初めて〔冠を〕被ることを「始冠」と呼ぶ。

女児は年が十四、五歳になると額を剃り上げる。これを「笄」と呼ぶ。また、銅製で金銀で飾った装身具を、刀の房の外側に置く。その名は「笄余《けいよ》」という。

寄語の「衣服」の項で、「冠」は〈カンムリ・カムリ〉、「笄」は〈カンサシ・カウカ〉と発音が記されている。鄭舜功はいずれも衣服と認識したうえで、男児の成人式を「冠」、女児の場合を「笄」と、それぞれの儀式を象徴する物品で呼んでいたとしている。

加冠の儀を担った「代父」とは、烏帽子親《えぼしおや》を指す。「笄」の〈カウカ〉は、おそらく「こうがい」が転じたものであろう。中世の笄《こうがい》は、髪を結い上げる道具で、ペーパーナイフのような形状をしていた。「置於刀房之外」とあるのは、刀に添えて持ち歩かれていたことを示している。

婚姻について、『隋書』列伝「東夷」の倭国の条を引用して、「同姓では結婚せず、男女が互いに心をよせて婚姻する、嫁が夫家に入るときは、まず火を跨いでから夫にまみえる」と述べたあと、今は同姓でも結婚することがあるとする。火を跨いでから門にはいることは、確かに存在するとしている。

花嫁が婚家に入るときに火を跨ぐという風習は、日本で近年まで広く見られたようである。筆者が住んでいる東京都小金井市でも、一九六〇年代には「嫁が婚家につくと、近所の両親の揃っている10歳前後の男女の子ども（男蝶・女蝶という）が、（中略）たいまつに火をつけ、（中略）仲人が火をつぶしてまたぐと、嫁が続いてまたぎ、トンボグチから入った」（『小金井市誌1』「地理編」一九六八年）とある。

葬祭

鄭舜功自身が見聞した葬儀について、次のように記す（「窮河話海」巻三「喪祭」）。

今日では、日本の俗人は死後に屍を湯浴みさせてから収める。死去したのが冬期だと、〔屍が〕

硬直するので、湯を用いて柔らかくしてから死装束を着せて、厨子に移して座らせる。息子や娘は白衣を着て泣き、酒や肉は食べない。

日を占ってから墓所に運ぶときには、親族・僚友はともに白衣となり、墓所に担いで行く。「野葬」「水葬」の語があるが、詳細は分からない。「火葬」「土葬」では浮屠《ふと》（仏塔）を〔墓の〕上に立てて、僧侶にその場所に記させるに木片を用いる。「南無妙法蓮華経」の七文字を木片の上に書し、百千万億〔阿僧祇《あそうぎ》の時〕を束ねて仏塔の左右に置く。

ここでまず注目すべき点は、喪服が白衣であるということであろう。京都の公家社会においては、平安時代から室町時代にかけて、喪服は黒系統の麻布であった。一方、武家の場合、鎌倉時代には喪服は黒系統が主流であった。室町時代となると一四〇八年の足利義満をはじめとして、足利将軍の葬儀では死者は剃髪されて黒染衣を着けさせるが、参列者は白布の浄衣を着ていた。喪服が黒から白に変わった背景として、「武士の公家文化からの精神的自立志向」（増田、一九九二）があるという。

「木片」とあるのは卒塔婆、「浮屠」は五輪塔をそれぞれ指していると考えられる。卒塔婆に「南無妙法蓮華経」と記すとあるところから、法華宗の葬儀を鄭舜功は観察したのであろうか。第二章で三好長慶と法華宗との関連について述べたように、法華宗はその財政基盤を商人に求め、ネットワークを港町に拡げていた。中国からの密貿易商人との交流も深く、鄭が法華宗の葬儀を実見した可能性は高い。

『妙法蓮華経』巻一六「如来寿量品《にょらいじゅりょうほん》」に「無量百千万億載阿僧祇」とある。阿僧祇とはサンスクリット語に由来する数の単位（10の56乗）で、仏陀が長い時を経て人々を教化し、釈迦として一旦は死んだ姿を取りながら、未来永劫に教え諭しているという仏典の一節を踏まえて、死者もまた救われるという願いが込められているのである。

葬儀のあとの諸事について、次のように記す。

その国君（天皇）の服喪は、「諒闇《りょうあん》」「諒隠《りょうあん》」の名で呼ばれる。墓は「陵」と称され、役人がこれを守る。

列国の君臣民の墳墓は、木材で坊を造り墓の前に建てる。あるいは、「某の禅定門」（禅宗・浄土宗の戒名）と書す。これはその〔死者の〕名を表示するものである。あるいは「春日大明神」と書す。これはその〔死者の〕幸いのための厄除けである。

葬儀が終わると〔参列者は〕寺のなかの湯殿で湯を沸かして沐浴したのち、帰宅する。家には火を跨いで入る。

〔死者の〕息子は財を多く費やして、僧衆に命じて仏事に供える。仏事が終わると孝行息子は多くの資財を捨てる。婦人は寺に籠もって香を焚き地を掃き清めて、三年、五年、七年を経てからのち帰る。

異国で「番鬼」となる

日本で死去した中国人のことも、鄭舜功は忘れず記載している。

中国人で、渡海するときに強風に遭遇して彼の地（日本）に漂着し、そこで亡くなるものがいた。その国で葬儀が営まれるも、死者の魂は拠《よ》る辺《べ》がないが、僧侶は位牌を立てて［その魂を］祀《まつ》っていた。

近年は［中国で］略奪を行い逃れて彼の地に身を隠しているものがあり、死亡することも多い。僧侶も一般人もこうした輩を犬や鼠にも劣るものだと深く恥じ、位牌を立てない。［祀られないその魂は］「番鬼」（異国の亡霊）となる。

鄭舜功がどのような死生観を持っていたかは分からないが、一般的な漢族の死後のイメージをきわめて単純化すると、次のようになる。死者の霊は地上に留まり、供物や焼香などの糧を必要とする。死者の男系の子孫が、死者の祭祀を行うことで、霊は糧を得て「祖先」として飢えることなく存続し、子孫に恩恵を施す。偉業を成し遂げたり、郷土のために命を捧げたりした人物が、死後にその子孫だけではなく多くの人々から祭られると、「神」となる。一方、祭祀されることがない霊は飢えて恨みを抱き、現世に災いをもたらす「鬼」となるのである。そのイメージは日本の「オニ」ではなく、「亡者」に近い。

倭寇に加わり日本に渡って死去した中国人は、だれからも祀られることなく、「鬼」となるのである。

4　礼儀作法と切腹

日本人の礼儀作法

鄭舜功が観察した、日本人の礼儀作法を見てみよう（『窮河話海』巻三「礼楽」）。

『〔日本〕考略』は〔日本人は〕手揉みをすることを喜び、進退に節度がなく、〔中国で行われる〕拝跪《はいき》（両膝と頭を地につける礼）・揖譲《ゆうじょう》（両手を胸元で組んで行う礼）がないと述べているが、確かにその通りである。

いま実地に日本人の礼を見てみると、王（大名）の家に入るには、まず履き物を脱ぎ、佩刀を下ろしたのちに、門に入る。従者は庁門のそとで待ち、入れとの命を受けたら入る。〔主君から〕問いかけられたら答え、答え終わったら退出する。

この記載は、鄭舜功が大友義鎮に招かれたときに、実際に見た大友氏の家臣の作法であろう。一般の人々の礼儀作法についても、詳細に観察している。

庶民の家では冬には皮の履き物を履いて歩いている。主人が賓客を迎えるときには、身を屈めて手揉みしてご機嫌を伺う。門に入ると地面に伏して頭を下げる。問答が終わると、頭を下げ、床に蹲踞《そんきょ》する。

始めに茶、次いで飯が振る舞われる。そののち〔酒を〕飲む段になると、主人が〔酒の〕壺を開け、各々が酒を供える礼を行ってから飲む。飲めば、酔いを楽しむ。飲めないものも必ず形だけは〔酒を〕受け取り、唇に当ててから〔酒を〕地に注ぐ。

〔賓客の〕下男が付き人として庁門の外に来ると、まず来訪を告げてからのちに入る。入るとにじり寄る。主人は賓客に食を送り、賓客はお返しをする。客と別れると、主人はこのような礼を尽くして、遠くまで送っていく。

日本人の飲酒の風習は、鄭舜功の印象に残ったらしい。「窮河話海」巻三「飲食」の項目にも、以下の記事がある。

賓客をもてなすには、必ず食事の前に酒を勧める。客が酔うのを主人は喜ぶ。客が酒をたしなまなければ、形だけで〔杯を〕受けて、唇に付けてから酒を地に撒く。その風俗と礼儀はこのようなものだ。

この二つの記事はそれぞれ、鄭自身の体験を基に再現したと思われる。日本人のもてなしの礼儀は細かく描写されており、彼が強く印象付けられたことを物語っている。ただし鄭舜功の日本人に対する高い評価は、多少、差し引く必要があるかも知れない。豊後では、明朝と貿易する機会を得ようとしていた大友義鎮から、鄭は「国客」として丁重に遇されたからである。

もし庶民が中国からの使者（鄭舜功の一行）と当地の王（大友義鎮）の家臣と行き会ったときは、必ず素足になって傍らに刀を解き、平伏して過ぎるのを待つ。もし方向が同じであれば、遠く先まで行くのを待ってから、歩き始める。行く方向が南北と別であれば、立ち去ったあとに、歩き始める。（「窮河話海」巻三「礼楽」）

豊後には密貿易に従事して滞在する中国人が少なくなかったが、彼らがこのような対応を示されることはなかったであろう。

刑罰

「窮河話海」巻三の「国法」では、「御成敗式目」などを解説したあと、戦国日本の刑罰について紹介している。

いま監獄について訊ねてみると、木材で膝を圧することが行われていたというが、これはかつて行われていたことである。口論になった人が酒の勢いで刀を抜いたら、人を傷つけなくても必ず死刑となる。

姦淫・賭博・失火も死刑。盗みに対する禁令はきわめて厳しく、糸一本でも盗んだらみな死刑。かつては収監されたあと、身体を痛めつける刑罰が行われていたものが、戦国の世になってからは、ささいな犯罪も死刑となったという。この記載が正しいか否かは、地域によって異なると思われる。

処刑の様子については、きわめて具体的である。おそらく鄭舜功は実際にその現場に立ち会ったものと思われる。

処刑では公衆の面前で打ち首にして、その死体を市中にさらすのではなく、犯人は郊外の原っぱか海辺の浜に引き立てられる。犯人の首の縛りをほどくと、犯人はおとなしく着ていたものを脱いで、自らその髪を束ねて頸を差し出す。見物人が最前列まで押しかけている。もし下人を処刑する場合は、この機会を用いて新しい刀の切れ味の善し悪しを調べる。塵芥のように命を軽んじているのである。

もし叛逆すると、一族は皆殺しとなり住まいは焼却される。

中国では古くから、処刑を公開で行い、死体を人通りの多い場所にさらすことが一般的であった。日本の処刑は鄭舜功の目に、従容《しょうよう》と死に向かう不思議な光景と映ったようである。

切腹

日本人の習俗として、鄭舜功は切腹についても記録を残している。

頭目や富者とみなされたものがもし極刑に当たる罪を犯すと、多くはみずから腹を断ち割って死ぬ。切腹する前に酒を堂内に置き、少しも動揺せずに飲食を摂る。観ている者は嗚咽《おえつ》する。もし少しでも躊躇《ちゅうちょ》して遅れると、衆人は手を叩いて笑い「女々しいやつだ」とはやし立てる。切腹し終わると、介錯《かいしゃく》される。

〔日本の〕風俗に、人を殺したものが刀を捨てて寺院に走り込めば、逮捕しようとする者はほしいままに拘束することができず、役人に復命してから、寺の住職に命じて〔寺院から〕出させるのである。けだし仏僧に敬意を払うためであろう。

「切腹」を鄭舜功は日本の刑罰の一つだと理解した。また、世俗権力が及ばないアジールとして、寺院が位置づけられていたことがわかる。

そもそも記録に現れる最初の切腹は、七一三年に編纂の命が下った風土記中、現存する『播磨国風土記』に見られる、淡海神《おうみのかみ》が夫との諍《いさか》いの末に、怒り怨んで腹を切ったという一節である。その後も戦に敗れて追い詰められて腹を掻《か》き切ったり、武勇を誇示するために割腹したりと、必ずしも刑罰とは認識されていなかった。もともと自主的なものであった切腹が、刑罰的な要素を含み始めるのは室町時代、特に戦国時代になってからだという（大隈、一九九五）。

一方、自発的な切腹の伝統も、戦国時代には継承され、江戸時代にも見られた。鄭舜功の日本滞在時期よりも二〇年ほどのち、一五七七年から長期にわたって日本に滞在したジョアン＝ロドリーゲスは、切腹について次のように記録している（ロドリーゲス『日本教会史（大航海時代叢書Ⅸ）』岩波書店、一九六七年、上巻三〇〇〜三〇一頁）。

彼ら（日本人）は侮辱や悪口を我慢しないし、また人の面前でそれをいい出すこともしない。彼らはその点できわめて辛抱強く感情を外に表わさないからである（中略）。従っていさかいは稀である。というのは、いさかいをする者は死を決意するからであるが、それは彼らの武器（刀剣）はそういうことに適していて、死者を出さないいさかいは稀にしか起こらないからである。そして、一方が他方を殺す場合に、仕掛けたものであろうと、強要されたものであろうと、道理があろうとなかろうと、逃げ出すことはほとんどない。その結果、かかることが彼らの上に起これば、他人から殺されるのは不名誉と考えて、彼らはそれ以前に自分で腹を切る。自分で生命を絶つことは名誉であり、勇気あることとして他人から褒められると考えている。自分で自らの生命を絶つという行為には、重大な儀式と厳粛さが伴い、どのように切腹するか見守っている大勢の人々の見せ物となる。

一方で、鄭舜功とほぼ同様な記載もある。

身分の高い人が裁きによって死ぬ場合（中略）、そこには無理に切腹させる領主の監視役がいる。

武家の習いとして自主的に切腹することを前提として、刑罰としての切腹が行われたとみることができよう。

『日本一鑑』に描かれた日本人の姿は、要約するならば「堪輿」で読み取られたように「凶暴」ではあるものの、その発露は礼節によって秩序づけられ、統御されていたということになろう。その象徴が、日本刀であった。鞘を払えば他者の命を奪うだけではなく、自らの命も絶たれるという日本刀である。命を奪うために造られたにもかかわらず、一度も使用されないことを宝とされる日本刀なのである。

第四章

海商と海賊たちの航路

一五五六年六月に中国の広州を出港した鄭舜功は、当初、畿内に直行して日本国王に明朝皇帝の上諭を宣言し、倭寇対策を実施させることを目指していた。第二章で述べたように、もし九州の南海上を航行中に暴風に遭遇しなかったら、四国の南に広がる太平洋を無寄港で航海し、阿波の椿泊《つばきどまり》と淡路の沼島《ぬしま》の沖合を素通りして紀淡海峡を通過、大阪湾に入っただろう。

中国の航海者は、大型海洋船ジャンクに乗り組み、沿岸の地形に頼ることなく、外洋を航行する技術を確立していた。一五五〇年代にはすでに四国の遠洋を航行する太平洋ルートを開発していたと考えられる。これまで日本史は、この太平洋ルートの存在に、あまり注目していない。ほとんどの研究者は、日本と中国を結ぶ海路は、博多と兵庫とを結ぶ瀬戸内ルート、屋久島と種子島の周辺海域と堺とを結ぶ土佐沖の沿岸ルートを前提にしているように思われる。

明代に中国の使節が日本に赴くルートの概略を、鄭舜功は「窮河話海」巻七「貢道」の項で提示している。また、詳細を「桴海図経」に収録した地図「滄海津鏡」とその解説「天使紀程」で取り上げている。

第二章2節で述べたように、中国から日本に渡るには、本来、次のようなルートを用いた。寧波を出帆してシナ海に出ると、まず舟山群島南端に位置する韮山《きゅうざん》（現在、浙江省象山県韮山《しょうざん》列島）から外洋に。そこからまっすぐに東に進み、屋久島を目指す海上の道（八三頁地図参照）があった。

屋久島には標高が二〇〇〇メートル近い山がそびえている。島にぶつかった海風が上昇気流となり、島のうえには年間を通じて白雲が浮かぶ。そのために外洋の水平線上に、島の位置を遠方から見通すことができる。中国の船乗りたちは、この島を白雲峯と呼び、航海の目標としたのである。韮山から屋久島まで、およそ五から六日を要したという（「窮河話海」巻七「貢道」）。屋久島から海上の道は分岐する（一六七頁地図参照）。

日本に渡った鄭舜功は、日本と中国とを結ぶ路について、詳細な情報を伝えてくれる。本章ではまず、風水の観点から中国に発し日本にいたる「気」の通う路を紹介しよう。そのあと、中国の渡海者がどのようにして遠洋航海を行ったのか、季節風に関する知識と長距離の航海に欠かせない飲用水の管理に関する記載を紹介しよう。航海の艱難《かんなん》を読み進めたあと、海路が分岐する屋久島・種子島周辺海域から畿内へと向かう路を、瀬戸内を経由する場合と、太平洋を経由する場合とに分けて、『日本一鑑』に記された情報を整理してみたい。

1　大陸からの海上ルート

日本列島をめぐる「気」

荒波にもまれた末に、ようやく日本に到達した鄭舜功は、この地の景観を観てほっとしたのではないだろうか。彼の郷里、徽州とよく似ているのである。徽州は山に囲まれ、山から流れ出た河川が平地を潤し、水田が広がり、町が栄えていた。日本の景観もまた、山と川、田と町によって織りなされていた。中国と日本とは繋がっている、鄭はそのように確信したと想像される。

山に囲まれた徽州では、この土地柄から、山と川の地勢を観察して、どこに住まいを定めるか、どこに祖先の墳墓を置いたらよいかを見極める術が発達した。前に述べたように、この術を「堪輿《かんよ》」という。「風水」に基づく環境学である。堪輿に基づいて、鄭舜功は中国と日本との関係を思索している。風水というと、日本ではインテリア風水が盛んであるが、本来は大地を俯瞰的に捉え、都市計画にも用いられる。

大地に流れる気は、土地に活力を与えて隆起し、山脈を形づくる。その筋道を「地脈」あるいは「龍脈」と呼ぶ。山の形を観察すれば、気がどのように流れているのか、気の性質がどのようなものかを判別することができる。気はところどころで地表に噴出する。そのポイントを「穴《けつ》」という。穴からあふれ出た気は、その地に活力を与え、その地に住まう人々の運気を上げる。気の性格は、人々の気質を左右する。

吹き出た気が散ったり流れ去ったりせずに、しばらく留まるためには、穴がほどよく山地丘陵に囲まれていなければならない。穴の背後には、気を伝えてきた山岳が連なる。穴の真向かいには丘陵がそびえている。向かいの山は、「案」と呼ばれた。中国語で、テーブルの意味である。気を遠方から伝えてきた山並みを背にして「穴」の上に座るというイメージを描いて欲しい。座の向かい側に置かれたテーブルに相当する山地が、「案」なのである。

中国の東南部は、山地丘陵が続き、人々は盆地で暮らしていた。盆地ではこの堪輿によって説明のつくものごとが多い。たとえば活気に満ちた村は、山を背にして山から流れ出た渓流を耕地に引き込み、豊かな稔りを得ている。ならば村の立地を決めるときには、堪輿の術を活用すればいい。このような経験則に基づいて堪輿は盆地社会に定着した。

一二世紀に儒教を思弁的な儒学に錬成した朱熹《しゅき》は、原籍が徽州であり、母は鄭舜功と同郷の歙県《きゅうけん》の出身であり、暮らしたのは主に福建の盆地であった。朱が風水を受け入れ、堪輿を重んじたのも、ごく当然のなりゆきであった。朱熹が大成した朱子学は明朝の国学となり、堪輿は知識人の素養となった。鄭舜功もまた、堪輿を熟知していた。

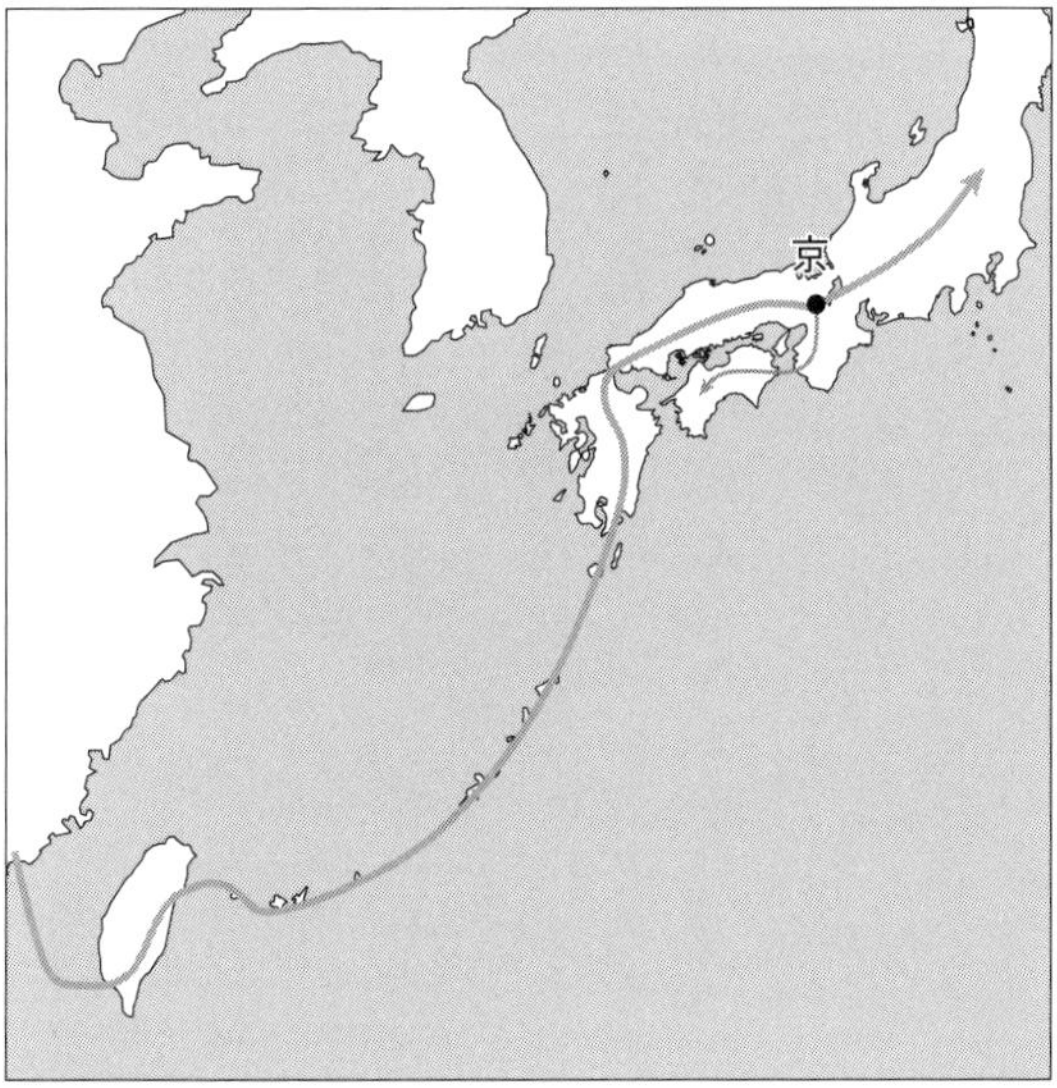

4-1　堪輿からみた日本列島

堪輿で読み解く日本の地理

鄭舜功は堪輿に基づいて日本の姿を、次のように俯瞰する。

> 日本の地脈は、中国福建省の泉州府永寧を起点としている。そこから枝分かれして海中を深く潜り、東にいくつもの海を渡り、澎湖《ほうこ》島《とう》などの島で凝集したあと、再び小さな東の島に渡って結束す

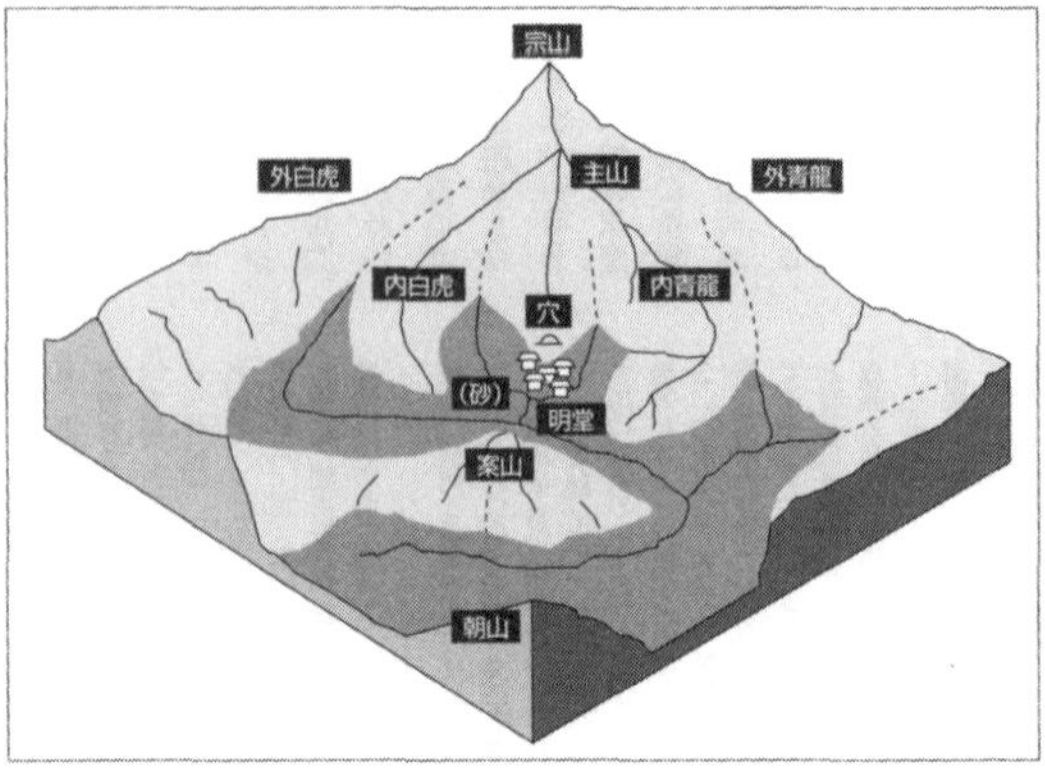

4-2　風水による理想の地形。（上田、2007）

る。その島の名は小琉球（台湾）である。……

〔台湾から〕一本の脈が東北へと発し、釣魚（尖閣諸島）・黄蔴・赤坎・古米・馬歯などの島を経て、大琉球（沖縄本島）で凝集する。大琉球からさらに一本の脈が東北に向かって海を渡り、硫黄（硫黄鳥島）・田嘉・大羅・吐噶喇七島を起点に屋久島・種島・間島・白不・硫黄などの島を経て、日本の突端で結ぶ。

　大隅から豊前にいたり、九州を縦断して豊前から長門に渡り、そこから東に向かって陸奥まで伸びている。そのあいだで分かれ出た分流がぐるっと回って南に向かって山城（京都）で結ぶ。その脇枝は南に向かい、紀州で結び、さらにそこから海を渡って阿波で結ぶ。これが南島（四国）で、山城の「案」である。

（『窮河話海』巻一「地脈」）


　明代知識人の堪輿の見立ては広汎である。中国大陸から台湾・沖縄、南西諸島を経て日本列島に到達するまでの地脈を俯瞰し、九州を縦断して北上し、山口から本州に入って中国山地を経て、さらに東北地方に達するまでを概観する。途中で枝分かれした地脈は、日本の首都が置かれた山城にいたって気を噴出させる。山城に日本の都が置かれた理由も、その盆地が「穴」に見立てられるからである。そして四国の山地を、京都の気を防護する「案」だと解釈する（袁、二〇二二）。
鄭舜功はこの「地脈」の項で、日本の地理を堪輿によって俯瞰するばかりでなく、前章で紹介したように、日本人の気質についても堪輿に基づいて分析を加えている。
中国からシナ海をくぐり抜けて日本にいたる地脈に沿って、気が流れる。こうした認識に基づいて、日中の関係について鄭舜功は、次のように述べている。

考えてみると、この日本が代を重ねて〔中国に〕朝貢しているのも、〔日本の〕地脈が中国から発しているために、その本性からして、脇の枝が大本に回帰しようとしているからであろう。けだしその根元を忘れないというのは、ものの道理なのである。（『窮河話海』巻一「地脈」）

地脈によって結ばれている中国と日本のあいだの海を、使節が往来した。その海上の道を、鄭舜功は「貢道」（朝貢の航路）と呼んでいる。魏から元までの貢道は、西海道、すなわち九州までしか及ばなかった。ところが、明代になってから、中国から畿内にいたるルートが貢道になった。この明代の貢道について、鄭自身の渡海の経験に基づいて、詳述している。

季節風と航海の時期

鄭舜功は日中間の航海について、文献を詳細に調べるとともに、実際にシナ海を渡った鄭自身の経験や船員からの聞き取りなどに基づき、遠洋航海に必要な情報をきわめて具体的に記録している。この記載から、一六世紀なかばの中国渡海者が、外洋を航海していたことを知ることができる。従来の航海では、陸地の地形を頼りに進み、飲用水が乏しくなれば陸に上って補給するために、その航路は陸の沿岸から離れることはない。遠洋航海が可能になることで、新たな海上ルートが拓かれたのである。

例えば帆船にとって重要な季節風を「風汛」として、つぎのように記載している（『窮河話海』巻七）。

日本から中国に朝貢に来るときには、必ず風汛（季節風）に乗って来る。日本は中国の東北に位置しているので、〔東北から吹く〕風汛について説明すると、まず大汛と小汛とがある。

大汛とは、清明（新暦四月五日ころ）のあと、端午（旧暦五月五日／新暦六月中旬）の前の風である。その風は十日ほど連続する。もし端午のあとになると、〔日本から中国に渡るには〕不利となる。

小汛とは、中秋（旧暦八月／新暦九月中旬～一〇月上旬）になってから満月になる前の風で、この時期を過ぎると、貢道に乗ろうとすると漂流し、〔寧波から大きく南にはずれて〕福建や広東に漂着することになる。

第二章で述べたように、鄭舜功が広州を出て日本に向かった時節は端午節のあと、「大汛」が終息し、風向が変ったころである。一方、鄭が帰国する際には、豊後から旧暦一二月に出帆しており、秋の季節風「小汎」の時期から大いに遅れており、そもそも遭難する確率は極めて高かった。航海に使われる季節風については、それぞれ呼び名があった。

鄞《ぎん》〔会稽（浙江省沿岸地域）〕の人は、〔十年一貢の規定による〕日本の朝貢の時期になるたびに、清明から端午までの期間を「日本進貢風光」と呼んだ。ところが今や〔中国の〕東南地域では、「倭賊風候」と呼ばれるようになった。

朝貢使節が中国から日本に戻るのは、必ず西南風に乗る時期で、端午から中秋までの期間と、〔旧暦の〕十月中旬から十一月上旬までの期間になる。（中略）この季節風は「送使風」と呼ばれた。ところが今や東南地域では、軍隊用語で「助陣風」と呼ばれるようになった。（「窮河話海」巻七「風汎」）

朝貢の使節の往来にちなんで付けられた季節風の呼び名、つまり東北風の「日本進貢風光」と西南風の「送使風」は、密貿易商人や海賊がシナ海を横行した時期になると、それぞれ「倭賊風候」と「助陣風」とに呼び名が変わったという。

東北風は倭寇が中国沿海に押し寄せてくる風である。一方、西南風は明朝の兵船にとっては追い風となり、海賊船を追撃して海賊を海に突き落とし、賊の首級を取る助けになる風というわけである。帆船時代の海戦では、常に風上に陣取った方が有利であった。

航海中の飲用水

鄭舜功は日本からの帰路、遭難し、漂流した際に、飲用水の欠乏に苦しんだ。その苦い経験もあるのだろう、「天使紀程」では寄港できる島や港について、淡水の有無を記載している。海域史を扱った著作は多いが、出港から入港までの航海中の苦労について記したものは、ほとんどない。著者の実体験に基づく『日本一鑑』の記載は、貴重である。

淡水は航海にとって非常に重要なものである。海水は塩辛く、飲用できない。もし海水を用いて飲食すると、嘔吐・下痢でひどいことになる。料理に塩味を加えたければ、水分を飛ばして塩気を用いるのは、そのためである。〔日中間を往来する〕使節は、淡水を〔船中に〕蓄えなければならない。日本への使節は常に、一人当たり四百斤（一斤＝約六〇〇グラム）の水を準備する。一斤の水は八椀の量に相当する。淡水は飲食にのみ用い、沐浴には用いない。そうしないと外洋の航海は困難になる。島に登って〔淡水を〕探し求める際には、次の陸地に到着するまでの期間を勘案して、余裕を持たせなければならない。

一人あたり二四〇リットルの飲用水が必要となる。一艘の船には一五〇人から二〇〇人ほどが乗り組んだとされており、必要飲用水を重さにすると四〇～五〇トンにもなる。遠洋航海では、大量の淡水を積載したことをうかがい知ることができる。

船で飲み水を保存するには、注意が必要だった。

水を盛る器具は陶器か木器かを問わず、必ず注水して長く使ったものを用いるべきである。もし新品で水を蓄えた場合、冬ならまだ大丈夫だが、真夏になると、二、三日で水が臭くてたまらなくなる。しかし〔新品を用いる場合は〕水に十分に馴染ませれば、用いることもできる。

淡水が不足したり、または島にたどり着けなかったりした場合、蒸留酒を造るように海水を煮て、気化した水を取って用いることになるが、味は美味しくはない。また、海水で寄生虫を殺したり、垢を落としたり、肌をきれいにしたりできる。（「窮河話海」巻七「水火」）

海を渡る前に大量の飲用水を船に積み込む必要があったことは、五島列島の福江島や長崎の平戸の船着き場の近くに今も残る六角井戸を見ると実感できる。日本ではあまり見かけない形であり、来航した中国人が造った井戸とされる。同時に二、三人で水くみができるため、効率的に飲用水を船中に運び込むことができたのであろう。

海上の分岐圏

中国から台湾の北の海域を経て沖縄諸島・奄美群島・吐噶喇列島を経て南九州の大隅諸島（屋久島・種子島ならびに硫黄島）にいたるルートについては、鄭舜功の渡海の記録からうかがい知ることができる。このルートについては、『籌海図編』が編纂される前に作成された『日本図纂』所収の「使倭針経図説」も、詳細に記している（中島楽章、二〇二一b）。大隅諸島と薩摩半島・大隅半島の南岸とによって構成される海域は、航路の分岐圏となる。

『日本一鑑』の航路に関する記載を整理してみると、この分岐圏から四つの海上ルートが分かれることになる。

海路で分類すると、分岐圏から西に向かって二つの海路が延びる。『日本一鑑』「天使紀程」の分類では「夷海上道」と呼ばれているものである。九州の西の海域を航行し、一つは九州沿岸をたどりながら北上する。本書では「西海ルート」と名づけておこう。これとは別に、分岐圏から東シナ海寄りに針路を取り、遠洋を甑島《こしきじま》の周辺海域を経て五島列島に向かうこともできた。これを「東シナ海ルート」と呼ぶことにしよう。これらのルートは、博多を経て下関を通過して瀬戸内海に入り、畿内へと向かう。その終着地は兵庫の港であった。

分岐圏から東に向かう海路も存在した。「天使紀程」の分類では「夷海右道」とされる。この海路も二つのルートに分かれる。一つは日向の沖合を北上して豊後水道に入る。これは鄭舜功が実際に航行したルートと重なる。このルートから畿内に向かうときは、豊後水道を横断して四国の沿岸をなめるように畿内を目指すもので、「日向・土佐沖ルート」とする。

これとは別に、鄭舜功がもともと目指していたルートがある。分岐圏から東に針路を取り、遠洋を航行するもので、「太平洋ルート」としたい。これら二つのルートの終着地は、堺の港であった。

兵庫・堺に到達したあとは、淀川水系を川舟でさかのぼり、守口・鳥羽を経て京都に入る。

これら四本のルートを、航海の性格から分類すると、西海ルートと日向・土佐沖ルートは、陸地の

4-3 『日本一鑑』「桴海図経」に描かれた分岐圏

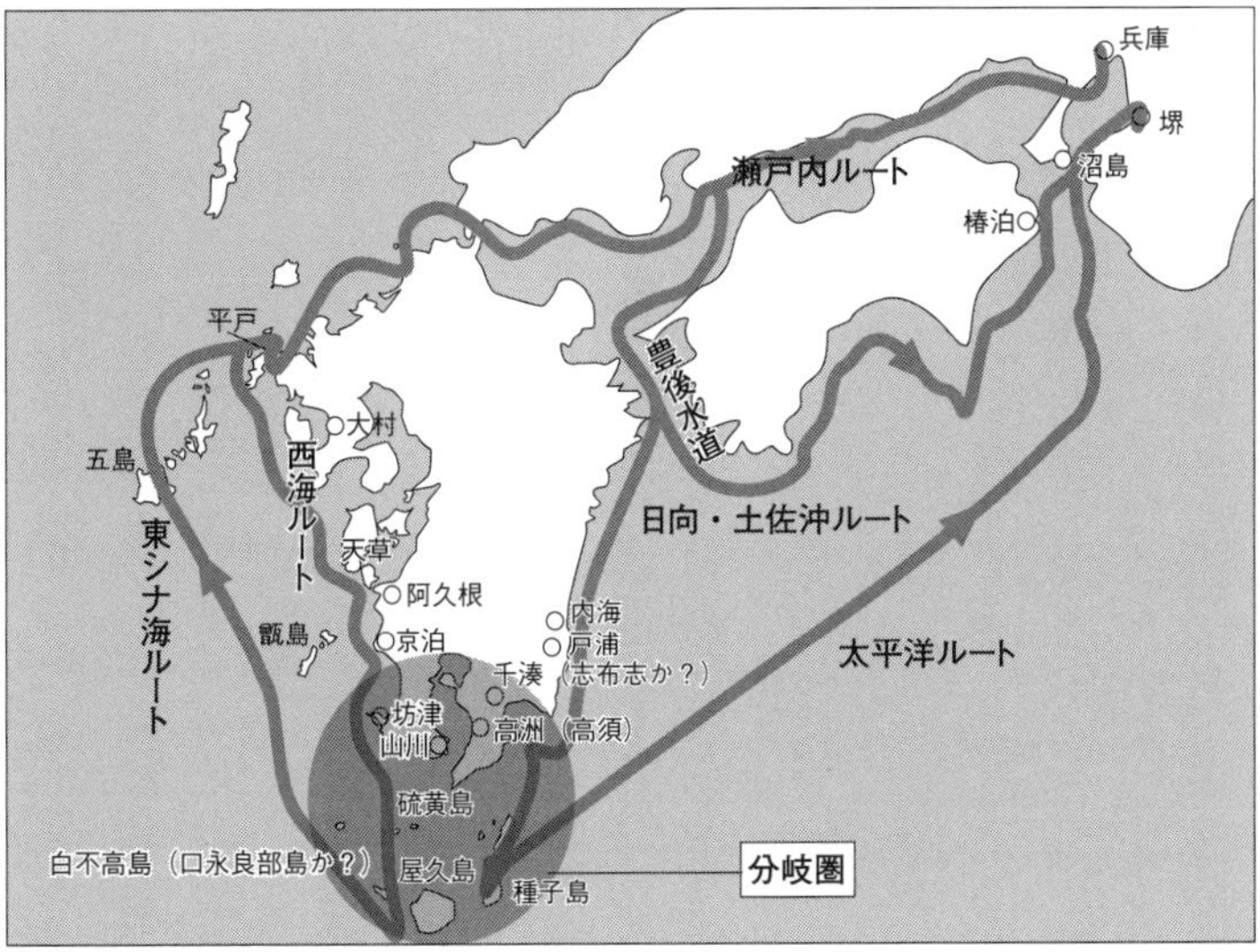

4-4 分岐圏と畿内を結ぶ海上ルート

地形を目印に航海するもので、ルート上には強風を避けたり順風を待ったりする入江や港が多く点在する。古くから利用されてきたルートで、伝統的な航路であった。荒波に弱い和船も、使うことができた。

他方、東シナ海ルートと太平洋ルートは、陸地から離れて羅針盤を頼りとして航海するもので、外洋に適した船舶と高い航海技術を要したものと考えられる。中国で開発された一般にジャンクと呼ばれる外洋船、あるいは南蛮船と総称されるポルトガルのナウ船、スペインのガレオン船であれば、航行することができた。

一六世紀なかばの分岐圏

鄭舜功はこの分岐圏について、次のように述べている。

日向の内海は、以前から流逋（密貿易商人や海賊）が集まる場所になっている。嘉靖丙辰《へいしん》（一五五六年）には、この地の彦太郎が徐海に脅従して直隷（江南地域）と浙江とを略奪して、船七十余隻に乗って帰還している。

薩摩の日本人は商業を営んでいるものが多いが、今では倭寇となっているものも少なくない。地元の日本人の掃部《かもん》は、嘉靖丙辰に徐海に脅従して〔中国を〕襲撃した。また高洲（鹿屋《かのや》市高須）はこの二十年来、流逋が地域内に潜入している。本洲の民居のおよそ百軒は、我が国の民で、捕らえられて日本人の奴隷となったもので、二、三百人の多くは、〔福建省の〕福州・興化・泉州・漳州の辺境の民である。

大隅もまた入唐の道と言われるが、以前から「寇賊の津」となっていた。(「窮河話海」巻四「風土」)

中国の密貿易商人と海賊、ポルトガルの冒険商人、そこに日本の商人や傭兵となった武士が、分岐圏にたむろしていたのである。そこは、日本とアジアとを結ぶ混沌とした海上の空間であった。

第一章で述べたように、王直と袂《たもと》を分かった徐海は五万から六万の衆を集め、千余艘の船を率いて広東に向かったとされると、鄭舜功が記載している。徐海はこの分岐圏で付き従う人員と艦船を調達したと想像される。

この分岐圏は、中国の航海者だけではなく、ポルトガルの航海者も認識していた。ポルトガル人は一五四〇年代に、中国出身の渡海者が船主を務める船に同乗して、この海域を知ることになったと推定される。鄭舜功が日本に渡った一六世紀なかば、ポルトガル人のメンデス＝ピント(一五〇九／一二〜一五八三年)は、この分岐圏の状況について、次のように語っている。なお、ポルトガルの原語表記は岡本(一九四二年)に拠る。

帆を揚げて、そこ(府内)から九里《レグア》の鹿児島〈Canguexumaa〉湾内の山川〈Hiamãgoo〉という港に移った。そして、そこに二ヵ月半滞在していたが、何一つ売ることができなかった。というのは、この日本の島中、どこの港湾、入江であれ、三十隻か四十隻のジャンク船が碇泊していない所はなく、湊〈Minatoo〉、外浦〈Tanoraa〉、日向〈Fiunguaa〉、博多〈Facataa〉、阿久根〈Angunee〉、大村〈Vbra〉、鹿児島のように百隻以上いる所もあったため、その土地にはどこにもシナの商品があふれ、元値の四分の一以下になっていたからである。その年、シナから日本に交易に来た船は二千隻を超え、商品は多く、しかも安く、その頃シナで百タエルで買われていた絹一ピコが、日本では二十五、二十八、最も高くても三十タエルで売られており、これでもやっとであった。(ピント『東洋遍歴記3』岡村多希子訳、一九八〇年、平凡社)

ピントのこの記述は、他のポルトガル人の報告書と照合すると、「半ば信じ半ば否定せねばならない」(岡本、一九四二)とされる。おそらく一五五一年または一五五六年に日本に来たときに見聞した状況を、記しているとみてもよいだろう。分岐圏の港湾や入江で投錨《とうびょう》しているジャンク船は、誇張されている可能性は否定できないが、けっして少なくはなかった。

島津氏と分岐圏

一五五〇年代の分岐圏をめぐる政治情勢は、まさに激動の時期に当たる。その経緯を簡略に述べておきたい。

フビライの日本侵攻に対処するため薩摩に下向した島津氏は、一六世紀になるとその分家のあいだで盟主の座をめぐり、争うようになる。そこに、地元出身の国人のあいだの対立が絡み、複雑な様相を呈するようになっていた。

薩摩国では一五三〇年代になると、薩摩半島中部の日置《ひおき》を拠点とし、東シナ海に臨む地域を統治した島津氏伊作家と、鹿児島県西北部の出水《いずみ》を拠点とし八代海に臨む地域を出自とする島津氏薩州家との対立に集約されるようになる。最終的に一五五〇年代前半に伊作家の島津忠良《ただよし》・貴久《たかひさ》父子が薩州家を圧倒、五〇年代後半になるとその勢いをもって薩摩の東部の大隅に支配地域を拡大したのである。

この島津氏伊作家の勢力拡大の背景に、分岐圏の交易を掌握したことがあった可能性がある。忠良の娘は鉄砲伝来の一方の当事者であった種子島時堯《ときたか》の正室であり、史料で確認することは難しいが、鉄砲に関する情報はいち早く忠良に伝わったと想像される。

また、分岐圏で勢力を拡大しつつあった島津氏が、倭寇と関連があったことを推測させる伝承が、島津家に残されている。島津忠良の三男、すなわち貴久の弟にあたる島津尚久（一五三一～一五六二年）が、海上勢力との密接な関係を持っていたというのである。尚久は薩摩半島の重要港であった坊津を統治していた人物で、抜群の大男であったとされる（宮之城町史編纂委員会編『宮之城町史』二〇〇〇年、一七五～一七六頁）。

この島津尚久について、島津氏に伝わる伝承を記した『島津図書《ずしょ》久治及先世ノ事歴』（島津男爵家編輯所編、一九二二年）に、国内においては「弱肉強食を事とし天下乱麻の如く」「干戈《かんか》」が東西に起きているとする一節のあとに、次のような記載が見られる。

国外においては日本の海賊が明国の辺境を侵し、明人から「倭寇」と呼ばれていた。そのなかで薩摩から渡ったものが、もっとも大きな被害を与えていた。こうした事態に対処するため、弘治二年（一五五六年）七月、明の使節の鄭舜功が豊後に至り、書を朝廷に奉じて倭寇の取り締まりを求めた。

こうした流れを受けて、翌三年（一五五七年）三月一七日、九条関白（九条稙通《たねみち》。この当時は出家していた）は山城守の矢野以清に、島津尚久に対処するように命じる書簡をしたためさせた。その書簡を受けて、尚久は使者を京都に派遣し、「倭寇で薩摩より加わったものは、おおむね尚久の管下で、賊船が出入りする要港もまた、その領内に属する」と上奏した。

この事は、天皇（後奈良天皇）の知るところとなり、同年五月一五日に大納言広橋兼秀は綸旨《りんじ》を奉じて尚久に伝達した。尚久まことに惶謹《こうきん》して、この綸旨を拝した。それ以来、倭寇で薩摩から加わったものがいたという情報はない――。

ここで言及されている弘治三年三月と五月の書簡は、『新編島津氏世録支流系図』「尚久一流系図」（『鹿児島県史料　旧記雑録拾遺　諸氏系譜三』）に、翻刻されて収録されている。

島津尚久に書簡を出したとされる矢野以清は、九条家の家司《けいし》であった。また、三好長慶《ながよし》の弟の十河《そごう》一存《かずまさ》の下代《げだい》でもあった。なお、家司は、親王家・内親王家・摂関家および三位以上の公卿《くぎょう》の家の事務をつかさどる職員、下代とは諸事を扱った役人を指す。九条稙通と三好長慶とを繋ぐ結節点に、矢野がいた。

鄭舜功が京都武家政権に働きかけた人物のリスト（本書九八頁）に、九条家の名はみられない。この時期、関白の近衛前嗣《さきつぐ》、前《さき》の関白の近衛稙家《たねいえ》などは、朽木に移っていた足利将軍に従って京都を離れていた。そのため在京の関白経験者として九条稙通が、三好長慶と連携して朝廷の意志決定に関わったのではないか、という推測が出されている。この共同工作が契機となり、それまで近衛家に圧倒されていた九条稙通が復権を果たしたという（岩本、二〇二三）。

しかし、この二通の書簡は、仮に矢野以清が三月の書簡を、広橋兼秀が五月の書簡を書いたとしても、不自然なところが多く、その真偽も定かではない。広橋兼秀については人物を確定できていない。『島津図書久治及先世ノ事歴』が述べるように、鄭舜功が京都に沈孟綱と胡福寧を派遣して、ときの後奈良天皇に倭寇対策をもとめたことが功を奏したのか、今後の研究の進展を待って、判断すべきであろう。

2　分岐圏を北へ

東シナ海ルート

標高が高く、海上の目印となる屋久島を目指して、中国船は航海してくる。ただしこの島には上陸せず、硫黄島か種子島に針路をとる。この海上の分岐点となる硫黄島について、「天使紀程」は次のような情報を伝える。

孤島で硫黄を産するために、その名がついた。舟山群島の韮山から好風を得られれば、わずか一昼夜でその島影を望むことができる。島には展望のよい場所があり、「探題所」と呼ばれた。人家は六〇から七〇戸。暫時停泊して、東北風を避けられる。島の地面からは硫黄ガスが吹き出し、煙を立てている。夜には野焼きのように天を焦がす。島には竹が多い。温泉が湧き出し、吹き出物を癒やす

——。こうした具体的な記載は、鄭舜功が上陸し、実際に観察したところに基づくと思われる。

硫黄島から硫黄を取っていたことは、鎌倉時代に成立した『平家物語』にも記され、日宋貿易で日本の重要産品として中国に輸出された。一五世紀には遣明船に積載する硫黄を確保するために、京都武家政権から硫黄島を治めていた島津氏に、多くの指示が出されている（鹿毛編、二〇二一）。島に置かれた探題所とは、硫黄の採取と搬出を監督したり、海上を航行する船舶を監視するために、島津氏が設置したものであろう。

屋久島・硫黄島の周辺海域から、畿内に続く四つのルートが始まる。

4-5　坊津の「唐人墓」。著者撮影

まず分岐圏から九州西岸に進むルートについては、前節で述べたように「夷海上道」として記録されている。この海路の分類名の意味は、「夷海」すなわち日本の海域に入った中国船が、その進行方向をまっすぐ「上がる」（北上する）「道」というものであろう。

分岐圏から東シナ海ルートを用いて山城国の京都に行く場合は、屋久島から四更（約九時間半）で一気に「乞島」を目指すとある。乞島とは鄭舜功自身の航海の記録を記した「万里長歌」に、寄語で〈コセキ〉と記しているので、鹿児島沖の東シナ海に浮かぶ甑島に比定される。この島はまたは亜南山〈アフサ〉とも呼ばれるといい、島の西六十里（約三三キロ）のところに四、五個の磯があり、その磯は馬蹄と呼ばれているとしている（『籌河話海』巻七「貢道」）。「夷海上道」の硫黄島の項目に、「〔硫黄島から〕西南風四百余里で乞島、南風五百余里で五島」（『天使紀程』）と記されており、甑島から五島に直行するルートがあったことがうかがわれる。

五島から先については、平戸などを経て瀬戸内ルートに接合したと考えられる。

西海ルート

分岐圏の硫黄島から始まる西海ルートは、まず薩摩の棒津、つまり坊津で九州に到達する。そこから西海の沿海部を北上し、川内川《せんだいがわ》河口の京泊、高松川河口の阿久根を経て、狭い黒之瀬戸を渡って肥後の天草に（一六七頁地図参照）。

肥前の国に入ったところにある大村津〈ヲムラツ〉（現在の長崎県大村市）について、「海産の蠣蝗《れいこう》のなかには真珠がある」との物産が紹介されている。鄭舜功は「蠣蝗」（カキ）と記すが、真珠を産するのはアコヤガイ（学名 Pinctada fucata）である。大村湾にはこの貝が生息し、真珠の産地として、古くから知られていた。

七三二年から七四〇年のあいだに編纂された『肥前国風土記』では、天皇が大村湾の彼杵郡《そのぎ》に住む土蜘蛛《つちぐも》と呼ばれる土豪を打ち破り、「白玉」など三色の玉を奪い、その地を「玉が具《そな》わった国」として「具足玉国」と呼ぶように詔したと記されている。現在は大村湾を挟んで北東に東彼杵郡、南西に西彼杵郡と、風土記の地名が伝わっている。

平安時代になると、着物を重ねるようになり、宝飾品が用いられなくなる。そのため日本では真珠は珍重されなくなる。一方、中国には死者を埋葬するときに、その口に珠玉を含ませる風習があり、真珠が珍重された。そのため、日本からの朝貢使節が真珠を貢納した（山田、二〇一三）。

『日本一鑑』でも『後漢書』「東夷列伝」の倭人の条を引用して、白珠・青玉・丹玉を産するとし、白珠については「まま鮑《あわび》のなかから出てくる。また大村津の珠は蠣蝗のなかから出てくる」（「窮河話海」巻二「珍宝」）と記している。鄭舜功は豊後滞在中に真珠の産地を聞き出し、記録に留めたのである。

平戸と博多を経て瀬戸内海へ

九州西岸を経て平戸にたどり着くと、ルートは畿内を目指して東に向かうことになる。平戸については、次のような伝聞を記載する（「天使紀程」）。

平戸は古くは肥前、現在は豊後に属する。港口は松浦〈マツウラ〉。東北の風を避けることが出来る。本山から曲がって右は交趾〈コチ〉。裏の港は松原〈マツハラ〉、四方の風を避けられる。平戸の司牧が居住するところは交趾の西の〈シセキ〉という。観音庵がある。神の生誕日のときには、神虎が現れ、人畜を食らったのちに隠れる。松浦にはいま唐人の厲鬼祠がある。

平戸の所属が肥前から豊後に替わったとするのは、大友氏の勢力が平戸まで及んだことを指す。「唐人の厲鬼祠」とは、平戸で殺害された閩商《びんしょう》（福建商人）の祟《たた》りを鎮めるために立てられたという廟《びょう》であろう。

また、次のようにも記す。

平戸にはかつてはほとんど人が住んでいなかった。いま住んでいる商人たちは、ここ二十年来に移り住んだものである。番船（東南アジア方面からの来航船）が集結し、中国の流逋が家をここに移し、盤石な基盤を造り、いまではますますその数が増えている。王直はこの島に潜り込んでいた。この島から朝鮮まで、半日の行程である。（『窮河話海』巻四「風土」）

さらに博多については、

筑前の博多津の日本人は、商をもって業となすものが多い。財貨を蓄えること百万にいたるものもいる。海上に逃れた流逋はこの地域に潜入し、日本人を巻き込んで中国を犯している。この地と島津とのあいだには交流がある。中国と朝鮮にいたる要衝の地である。（『窮河話海』巻四「風土」）

と、博多と九州南部を支配する島津氏とは、往来があったことを記している。分岐圏からは朝鮮へいたる路も延びていたのである。

平戸からは博多、赤間関《あかまがせき》（下関）を経て、瀬戸内海に入っていく。

瀬戸内ルート

中国から日本への航路について、寧波から博多、赤間関を通過して、瀬戸内海を経て兵庫というルートだというイメージが強い。確かにこのルートは、足利義満に対して明朝が派遣した使節がたどった航路ではある。しかし、このルートは足利将軍の権威が失墜した戦国時代においては、異国の渡海者にとってやっかいなことがあった。海上の関所が多いのである。

多くの島や岬のあいだを縫うように続く瀬戸内を航行する際には、入江に潜む盗賊の襲撃を避けるため、海で活動する武士の警固を必要とした。この海の武士集団は、「海賊」とも呼ばれる。京都武家政権が権威を保っていた時期には、足利将軍が海賊に警固を命じていた。船が無事に兵庫関に着くと、一定の警固料を納めていた。

足利家の威勢が弱まると、海の武士団はそれぞれの縄張りとする海域を通過する船舶から、通行料をとるようになっていた。

関については、「窮河話海」巻二の「関津」の項に、次のようにある。

日本の関と津の多くは、守備が設けられている。関はその都の四隅に設けられたものがすこぶる多い。守口には兵庫方面に対して、都の西の二方面に対する厳重な関がある。和泉には土佐方面に対して、探暴関がある。摂津には讃岐方面に対するもので、野島磯に関がある。豊前には長門方面に対して赤坎関（赤間関）がある。

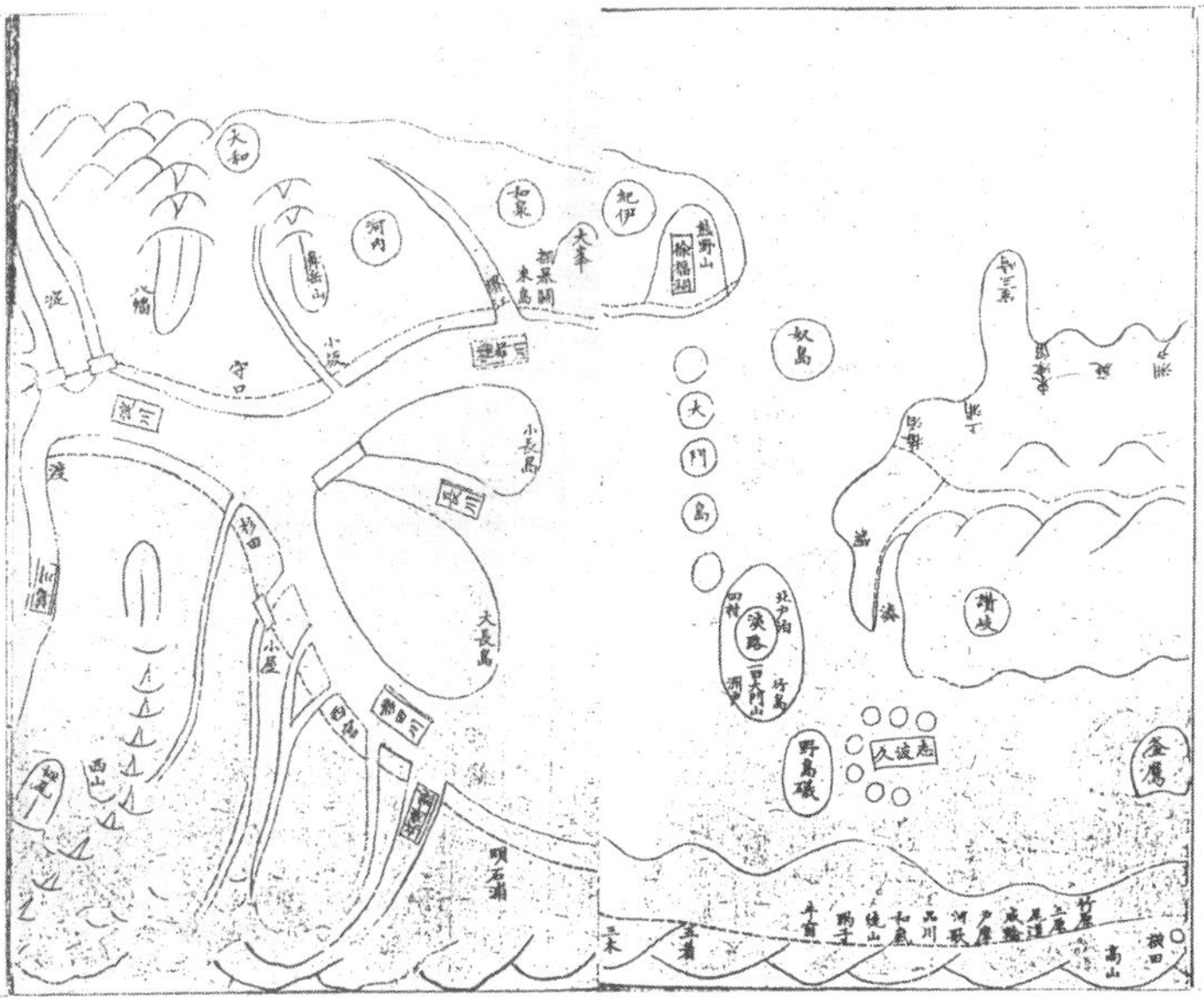

4-6 『日本一鑑』「滄海津鏡」に描かれた畿内海域

この記事では京都を起点に関所の位置が示されているが、九州南部の分岐圏から瀬戸内ルートを経て京都に向かう順番に直すと、赤間関（下関）・野島磯関・守口関などを経由しなければならないことがうかがわれる。異国の渡海者からすれば、これらの関を無事に通過できるか、不安であっただろう。関の多いルートは、できれば避けたかったに違いない。なお探暴関は、本章4節で後述することになるが、大阪湾の南の入り口にあたる紀淡海峡の淡輪《たんのわ》（大阪府の南西端岬《みさき》町《ちょう》に属する港）である。

野島磯は、「滄海津鏡」では「志波久」（塩飽）と「淡路」のあいだに描かれている（上図参照）。その位置から、家島諸島（兵庫県姫路市の沖合）とみて間違いはない。地元では家島は、「いえじま」ではなく「えしま」と発音されている。「官話」と呼ばれる標準中国語で、「野」は〈イエ〉と発音する。鄭舜功はこの諸島の名を耳で聴いて「野島」と表記したものと推定される。

家島諸島は主島の家島のほか、無人の島を含め大小四四の島々からなり、瀬戸内海航路の要地、避難港であった。ここにおかれた関は、西から大阪湾に入る入り口を押さえている。家島の飯盛山には、一四世紀に苫瓜助五郎本道が居城を構えており、その後も海上の武士集団が、大阪湾を出入りする船舶を監視していたものと考えられる。

瀬戸内ルートの終着港は、兵庫港〈ヒヤウコノウラ〉または日護〈ヒコ〉（ひょうご）となる。「港の内の衫田川〈スタカワ〉、港の中央の長川〈ナカツカワ〉に橋があり、船舶を阻害している。下港には幡部川〈ワタナヘカワ〉」とある。兵庫港では橋があるために、外洋船が淀川水系をさかのぼることができず、これより先は平底舟を用いて遡上、西宮・山崎を経て、下鳥羽・上鳥羽から京都へと入る。

3　分岐圏を東へ

日向沖ルート

前節でみたように、鄭舜功は明朝の使節が京都に向かうルートとして「夷海右道」を挙げている。

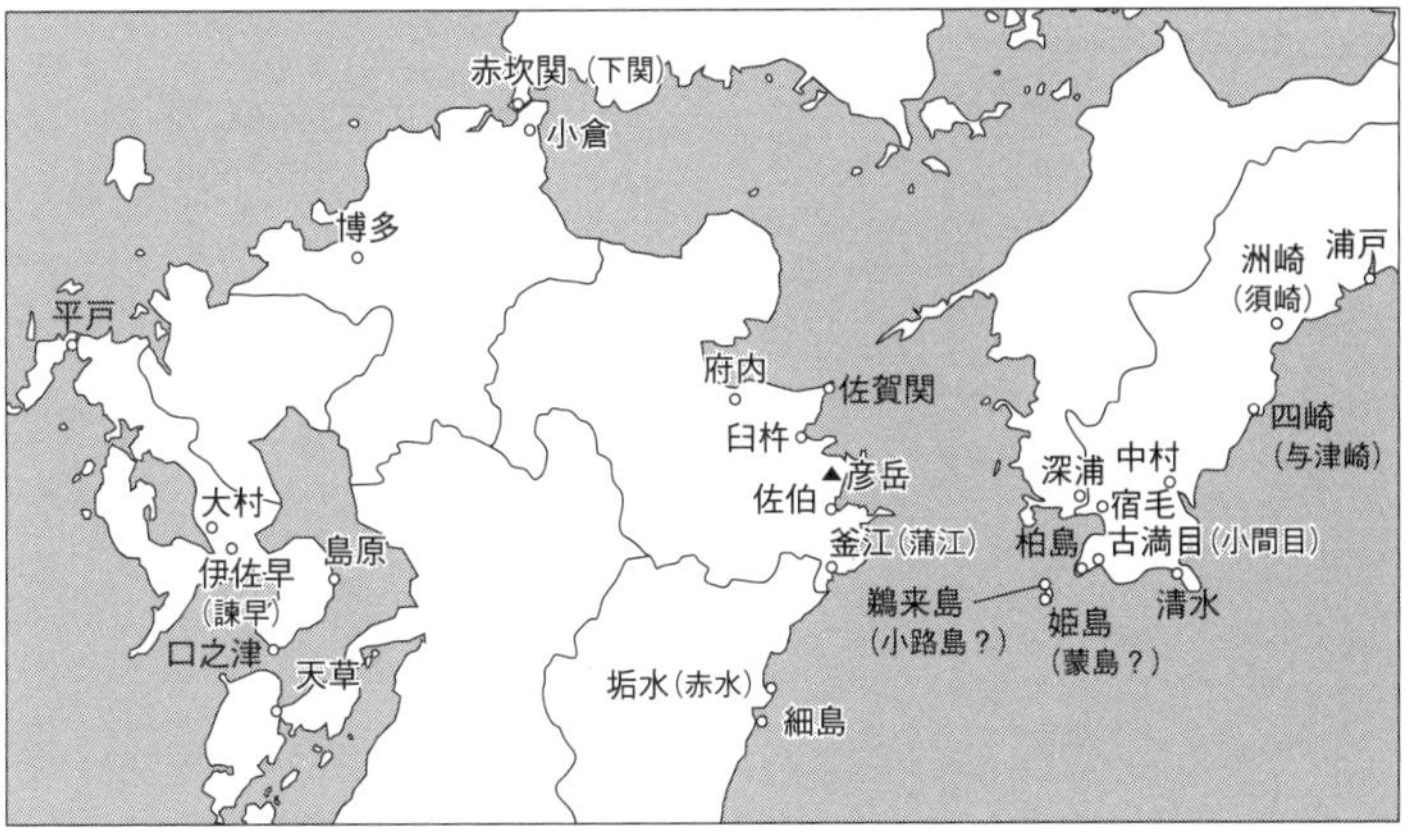

4-7　『日本一鑑』にあらわれる九州北部・土佐西部の地名

このルートの名称の意味は、南島を経て日本を目指して北上してきた中国船が、日本の海域の分岐圏に入ったあと、進行方向の右、すなわち東に針路を取る、ということだと思われる。

硫黄島で航路が分岐する。「夷海右道」の記載では、「西風で二百五十里で屋久島、次いで二百里で種子島にいたる」とある。

種子島について「天使紀程」には、「人家が極めて多く、牛馬を産する。（中略）港は岩礁が多く、停泊に適しない」とある。鄭舜功が記すところでは、種子島には外洋船を受け入れる港はない。鄭自身も、この島には上陸していない。「牛馬を産する」などの情報は、記録か伝聞に基づくものであろう。

日向・土佐沖ルートは、種子島から日向の沖合を航行する（神戸、一九八〇）。

日向域内で最初の港は、内海《うちうみ》である。「港は小さい」とあり、ここから陸路で阿蘇、豊後の府内、小倉を経て、海峡を越えて赤坎関（赤間関、下関）に渡り、山口に出てから海道を行くとの記載がある。九州を南北に縦断してから瀬戸内海を畿内までたどるルートの起点として、内海港は位置づけられている。

日向沖で重要な港の一つが、細島。現在もアジア海運の主要港の一つで、この港から大阪や韓国の釜山や中国の寧波、台湾の基隆などを結ぶ定期航路が延びている。鄭舜功によれば、港は大きく東南風を防ぐとあり、また、豊後水道を横断して土佐沖海上を東に進んで浦戸に向かうこともできるとする。

細島から佐伯〈サキトト〉を経て垢水〈アカミツ〉（赤水）に向かう。

『夷海右道」に従うと、垢水から東海、竹島、釜江と続く。東海はまたの名を遠海〈トウミ〉と呼ぶとある。竹島〈タケノシマ〉は、佐伯湾内にある竹ケ島に比定される。現在は無人島。鄭舜功は、この島からは陸路で彦岳山の麓を経由して坂関（佐賀関）に到達できるとする。

ここの海産の佳魚〈タナイオ〉は長さ二尺（六〇センチほど）あまり、その味はとても甘いという。〈イオ〉は「魚《うお》」であるが、〈タナ〉と呼ばれる魚が何かは、判然としない。佐賀関は豊予海峡に臨み海流が速いために、高級魚として知られる関サバなど、引き締まった味の佳《よ》い魚が水揚げされる。臼杵に滞在中に、鄭舜功も佐賀関に足を伸ばし、こうした魚を食したと想像される。

このあと「夷海右道」では、「もし海路を進むならば、次は釜江（蒲江）に向かえば到達できる」と記す。鄭舜功が記す竹島が佐伯湾の竹ケ島だとすると、釜江の方が南に位置し、航路の順番が反対になっている。一つの推定として、日向から豊後に直行する場合には、蒲江を素通りして竹島に停泊したのちに、臼杵に入港するルートが一般的であったのではないだろうか。臼杵と府内との海路の途中には、潮流が速いことで知られる豊予《ほうよ》海峡がある。海の難所でもある海峡を避けるために、佐伯湾の竹島から臼杵を経由して、陸路で府内に入るルートを、鄭舜功が推薦していると考えられる。臼杵に向かわずに土佐に針路を取る場合、あるいは臼杵に立ち寄ったあとに、さらに畿内を目指して海道を航行する場合は、来た路をもどるように南下して蒲江に寄航し、そこから四国沖を航海したのである。

日向から豊後へ

第二章で述べたように、鄭舜功は種子島を経て京都まで直行しようとした途上、台風のために流されて釜江（蒲江）に漂着し、港の岸辺にたどり着いた。鄭にとっては、この蒲江が京都へいたる路の起点であった。蒲江から畿内に向かうルートは、二手に分かれる。「夷海右道」の釜江の項目では、次のように記す。

地元の日本人によると、この国の都へ船で行くならば、豊後から豊前に向かい、長門に渡って〔瀬戸内海を越えて〕山城に行く。およそ十日ほどである。海路には関があり、停泊することができる。

また別に、豊後より土佐に渡り、山城に入るには、およそ十二日となる。海路に関はなく、野泊（港湾以外の場所で停泊）することが多い。

豊後には土佐方面に対して坂関があり、土佐には日向方面に対して佐嘉関がある。

二つのルートの内の一つは、蒲江からさらに北上して豊予海峡を通過、伊予灘を経て瀬戸内海に入り瀬戸内ルートをたどるものである。引用箇所後段には、坂関と佐嘉関、二つの表記がある。「坂関《さかせき》」はおそらく佐賀関《さかせき》であろう。豊後が四国に対する関として、佐賀関を置いたとするのは理解できる。佐賀関は大友氏の水軍を担った若林氏の拠点となり、海峡を往来する船舶に対して関としての役割を果たしていたと考えられる。

一方、土佐が日向沖を航行する船舶に対して置いた「佐嘉関《さかせき》」は、四国側の佐田岬《さだみさき》半島に置かれたとするのが順当であろう。半島の突端を拠点とする海上の武士であった三崎氏は、大友氏と緊密な関係を作っていた(市村編、二〇一〇)。一五五〇年代に土佐一条氏は大友氏との連携を深め、一五五六年に伊予への侵攻を開始した。このような伊予における勢力争いのなかで、三崎氏は土佐一条氏側の関の機能を果たしていたのであろう。

鄭舜功がそれら二つの関を、いずれも「さかせき」と読める表記にしているのは、区別せずに一対の関だと認識していたためであろうか。大友氏は一条氏および三崎氏と協力して、豊予海峡の両岸で日向沖・豊後水道を往来する船舶を監視したと考えられる。

豊予海峡は幅約一四キロメートルと狭く、しかも別名を速吸《はやすい》瀬戸とするところからもうかがわれるように海流が激しく、航海の難所でもある。豊後側と伊予側のそれぞれに海の武士集団が居を構え、航行する船舶を監視しており、異国の渡海者にとっては避けたい海路であった。渡海者の多くは、豊後水道から瀬戸内ルートに向かうのではなく、蒲江から東に針路を取って、土佐の沖を航行したと思われる。

土佐沖ルート西部

豊後水道を渡って土佐に入る玄関口に位置する島を、鄭舜功は「蒙島」だとし、寄語で〈モシマ〉と読みを記す。この島をどこに比定するかについて、神戸氏は小路島〈ヲコロシマ〉を鵜来島《うぐるしま》としたうえで、その南東にある姫島、姫島の東方の沖ノ島のいずれが蒙島か、断定できないとしている。

土佐沖ルートの起点となる蒙島の項目で、このルートの全体像が下記のようにまとめられている。

百七十里で清水〈シミツ〉。小舟で慎重に中村〈ナカムラ〉に到達できる。土佐の司牧（土佐一条氏）が居住している。本島（蒙島）から七十里の海を渡って駒妻〈クマメ〉（小間目）にいたる。あるいは本島から五十里で海を渡って平深港〈フカウラ〉（深浦）にいたり、ここから〔海路で〕柏島〈アセワシマ〉にいたる。

もし陸路で中村に行く場合は、必ず港（深浦）の内から道を西小路（土佐幡多郡か）に取って、中村に入る。中村から陸路で京都に入るには、道を東小路（土佐高岡郡か）に進み、椿泊〈ツハキトマリ〉、半日の道程で〈カノウラ〉、二日で洲戸〈スムト〉（淡路島洲本）にいたる。あるいは〈カノウラ〉から半日で讃岐の湊〈ミナト〉、半日で洲戸、半日の旅程で兵庫港にいたり、都に入る。もし洲戸から堺に渡った場合は、〔堺から京都までは〕一日。（『天使紀程』）

鄭舜功が畿内への航路上の港として記している小間目・柏島・清水は、幡多郡（現在の高知県南西部一帯）に属している。一五五〇年代のこの一帯は、船頭や水主《かこ》などが生活する自治的な港湾・海浜集落が、入江ごとに点在していた。加久見氏などの国人は、これらの集落を勢力下に置くものの、直接には掌握していない。応仁の乱を避けて所領であった幡多荘に下向した土佐一条氏は、在地武家集団に支えられて、公家から大名への転身を図っていた（市村編、二〇一〇）。

一五八〇年代に作成された『長宗我部地検帳』からは、港湾・海浜集落の様子を垣間見ることができる。柏島の主導者は「村キミ」とあり、地検帳には「村キミトイヤシキ」（村君土居屋敷）、「舟蔵ヤシキ」二ヵ所が記載されている。住民は村キミと一名の船頭が挙げられているほかは、大半が「水主」であった。耕地はほんのわずかしかない。集落住民の生業は、海に依存せざるを得なかった。清水村もまた、漁父・船頭・水主などの自治的な港町であり、加久見氏や一条氏が直接に統治した痕跡は見いだせない。また、『地検帳』からは、船頭が複数の集落に屋敷や畠を持っていたことがうかがわれる。港湾集落は人的なネットワークで結ばれていた。鄭舜功が記す「夷海右道」は、こうした港湾集落で強風を避けたり、良風を待ったり、飲用水を補給したりして進む航路であったと考えられる。

鄭舜功は蒙島の項目で、「土佐の地は鱉（スッポンか）を多く産する。その海では「鯉」〈カツヲ〉を多く産する。蒸してから乾かすと美味しい」と記す。清水の項では、「この港は岩礁が多く、港内の河川は淡水で飲用できる。川で鰡〈ナヨシ〉（ボラ）を産する。体長は尺に満たず、味はよい」と記す。ナヨシとはボラの若魚の呼び名で、今日でも使われている。

土佐一条氏と海上ルート

陸路で京都に向かう際には、土佐一条氏の居城であった中村が、交通の要衝であったことをうかがい知ることができる。中村は内陸に位置しているものの、伊予の深浦、土佐の清水、阿波の椿泊などと結ばれていた。中村を経由する場合は、外洋船は宿毛湾の内に入って宿毛で停泊し、小舟に乗り換えて、松田川・中筋川を利用して四国の内陸に分け入り、中村に向かったのである。土佐一条氏はこうしたルートを経由して、「唐物」と呼ばれる海外の物産を入手したものと考えられる。一条氏が京都に上るときには、このルートを逆に進み、豊後水道に出てから北上し、豊予海峡を通過して瀬戸内海に入っていた。

一方、土佐一条氏が直接に掌握していた四万十川河口の川湊下田について、『日本一鑑』には記載がない（秋澤、二〇〇二）。鄭が土佐沖ルートについて、「海路に関はなく、野泊することが多い」とする記載は、自治的な港湾集落のネットワークを頼れば、ときに交易船を収奪する陸の大名と、直接に接触することを避けられることを表しているのではないだろうか。

四崎〈ユツサキ〉は東西土佐のあいだの断崖海岸に孤立する与津崎で、「人家はないが、暫時停泊可能」とある。この地が無人だとするのは事実に反するという。海賊・海商的性格をもつ渡辺一族が拠点にしていた。鄭舜功の日本滞在中の一五五七年には、鉄砲による軍功によって、一向宗禁教を原則とする一条氏から、信仰を続けることを許されている（秋澤、二〇〇二）。

ここで幡多郡から高岡郡に入る。

高岡郡は土佐七雄に数え上げられていた津野氏・大平氏の勢力圏であったが、土佐一条氏の攻略を受けて、一五四〇年代に相次いで服属している。四崎の項に合わせて記載されている洲崎（須崎）について「司牧の東小路が管轄する地方である」とある。この「司牧」とは、文脈から推して土佐一条氏であると考えられる。鄭舜功が記す東小路・西小路の区分は、一条氏本領の幡多郡を西小路とし、鄭舜功が日本に滞在していたときにはすでに服属させていた高岡郡を東小路としたのではないだろうか。「外港で東北風を避けることができる。内港では西南風を避けることができる」とあり、外港は野見湾、内港は須崎湾をそれぞれ指している。

土佐沖を東にたどった航路は、椿泊〈ツハキトマリ〉を結節点として四国を離れ、和泉から畿内へと入っていく。鄭舜功は椿泊は土佐にあるとしているが、実際は阿波の国に位置する。ここから土佐沖ルートは太平洋ルートと合流し、沼島を目指したあと紀淡海峡を通過して堺を目指すことになる。

太平洋ルートの成立

狭い水道を越えて続く瀬戸内ルートでは、海の武士団の縄張りを通過せざるを得ない。一五五〇年代以降、中国やポルトガル・スペインの外洋船は、関の多い瀬戸内ルートではなく、海の武士団が縄張りとする海域を迂回するために、四国の外洋を通行する太平洋ルートを主に利用するようになったと考えられる。

太平洋ルートは一六世紀後半に、中国人を船主とするジャンクやポルトガル人が操るナウと呼ばれる南蛮船が航行した。おそらく中国の航海者がこの航路を拓き、同船したポルトガル人に引き継がれたのであろう。

一般にジャンクと呼ばれる中国型外洋船は、断面がV字型で外洋の荒波を乗り切ることができる。こうした船は、土佐・阿波の沿海を拠点とする海の武士団と、面倒な交渉をすることを避けて、種子島周辺海域から東へ一気に外洋を航行したのではないだろうか。一五四〇年代、王直が船主となっていたとされるジャンクが、ポルトガル人を乗せて種子島に鉄砲を伝えたころに、種子島周辺の分岐圏から太平洋ルートで堺に到達したジャンク船があったものと考えてもいいだろう。

一五四九年には中国船が伊勢に到着し、乗っていた中国人が伊勢神宮を参拝したという記録が残っている（黒嶋、二〇一二）。太平洋ルートを航行して日本に向かったジャンクの一部は、紀淡海峡に入らずに紀伊半島を回り込んで、伊勢まで到達するものがあったようである。

時代は下るが、一五六五年にスペイン人は、フィリピンから太平洋ルートをたどったあと仙台あたりまで北上し、そこで偏西風を捉えてアメリカ大陸西岸にいたる航路を拓く。一五七二年には、フィリピンのマニラとメキシコのアカプルコとを結ぶガレオン貿易が始まることとなる。

鄭舜功が日本に渡るとき、広州から琉球の沖合を通過して南西諸島を北上、種子島周辺海域から畿内に直行する計画であったことは、第二章で記した。その航路は土佐沖ルートではなく、太平洋ルートである。

4　紀伊水道から大阪湾へ

海賊が跳梁する海域

土佐沖ルートと太平洋ルートのいずれも、南九州の分岐圏から堺に向かうときには、紀伊水道を航行し、狭い紀淡海峡を経て大阪湾に入ることになる。この海域は、古くから海賊が跳梁《ちょうりょう》していた。一〇世紀に書かれた『土佐日記』を引っ張り出して読むと、この海域の海賊がいかに恐れられていたかを実感できる。

『土佐日記』はその冒頭「男もすなる日記といふものを、女もしてみむとてするなり」と書き始め、紀貫之とおぼしき人物が任地の土佐より海路で都に帰る道中を、随行した女性の立場で物語るという形式を取っている。したがって、その記載は実録ではなく、文学である。「日記」とあるが、日々つづられたものではなく、官僚として記載する必要のあった備忘録に基づいて、帰京後に執筆されたと考えられている。『日本一鑑』との関連で興味深い点は、海賊に対する恐怖が『土佐日記』に刻まれていることである。その箇所を抜き出してみよう。

「某《それ》の年の十二月《しはす》の二十日あまり一日《ひとひ》」に、任地の土佐を離れるにあたり、「馬の鼻向け」の饗応が続き、大津より浦戸（共に現、高知市）をさして漕ぎ出すのは、二七日となる。土佐沖を風待ちなどで遅々として進まない。年が改まった正月一一日にようやく室戸の室津を越え、問題の海域に入る。二一日の条に、

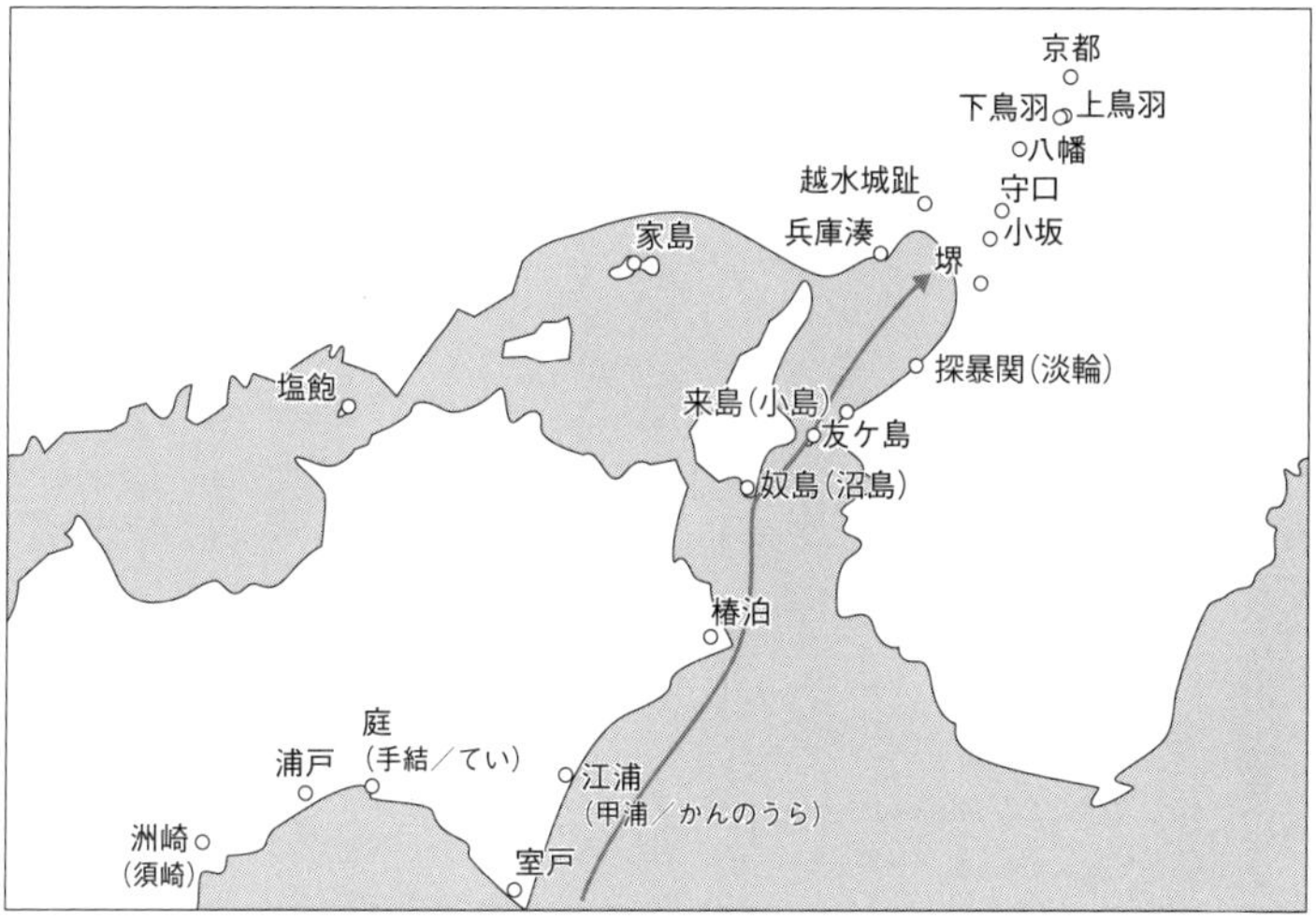

4-8　『日本一鑑』にあらわれる土佐東部・畿内の地名

> 船君なる人、波を見て、国より初めて「海賊報ゐせむ」といふなることを思ふうへに、海のまた恐ろしければ、頭《かしら》もみな白けぬ。

『土佐日記』は紀貫之に近侍している女の視点から、貫之自身は三人称的に叙述されているが、この場面は、近侍の女のことばではなく、貫之の独白によって綴られている。言説研究ではこうした記載を「自由直接言説」と呼ぶ（東原・ウォーラー編、二〇二〇）。貫之が無意識のうちにこうした文学的表現を行ったのは、執筆しているさなかに海賊に対する恐怖が、心底からわき上がった、あるいはその恐怖を読み手に鮮烈に印象づけたかったのだろう。その後も、二三日、二五日、二六日と海賊に対する恐怖が記される。

『土佐日記』の正月三十日《みそか》の条には、次のようにある。

雨風吹かず。「海賊は夜歩きせざるなり」と聞きて、夜中ばかりに船を出《いだ》して、阿波の水門《みと》を渡る。夜中なれば、西東も見へず。男・女、辛く神仏をいのりて、この水門を渡りぬ。寅卯《とらう》の刻ばかりに、沼島《ぬしま》といふところを過ぎて、多奈川《たながわ》といふ所を渡る。辛く急ぎて和泉の灘といふ所に到りぬ。

今日、海に波ににたるものなし。神仏の恵み蒙《かうぶ》れるに似たり。今日、船に乗りし日より数ふれば、三十日あまり九日になりにけり。今日は和泉の国に来ぬれば、海賊ものならず。

「多奈川」とあるのは、南海電鉄「多奈川駅」にその名が残る。現在は岬町の中心地となっている。「和泉の灘」にいたって、ようやく海賊の恐怖から貫之は解き放たれたのである。

紀伊水道から紀淡海峡へ

紀伊水道から大阪湾にいたる航路について、『日本一鑑』「天使紀程」は次のように記す。

椿泊〈ツハキトマリ〉は土佐地方にあり、東南風を避けて停泊できる。次いで百二十里で奴島〈ヌシマ〉（沼島）、南海の淡路地方の孤島である。島から五つの小島を経る。またの名を大門島〈トモカシマ〉といい、島は一直線に並んでいる。そこから探暴関〈タンノワセキ〉、次いで来島。

来島〈コシマ〉は五畿の和泉地方にあり、停泊できる。次いで百三十里で堺江。

紀伊水道の入り口に位置する湊が、椿泊である。訪問してみると、水深の深い細長い湾の北側に主に漁業を生業とする家が、鬱蒼とした照葉樹の繁る山の麓に建ち並び、陸の路が途切れたところに椿泊小学校が位置している。一五八五年に阿波国へ入った蜂須賀氏からこの地を所領として与えられた森氏は、椿泊を拠点として阿波水軍を差配した。小学校は森氏が築造した松鶴《しょうかく》城趾である。湾の入り口を押さえる城であった。

4-9　椿泊の風景。徳島県阿南市。2022年、著者撮影

奴島すなわち沼島を拠点としていた海の武士団は、源平合戦でその名を知られる梶原景時の子孫だと名乗り、一五世紀には細川氏と結び、警固と海賊、ときには水軍として行動した。細川氏が衰退したのちの一五五〇年代には、三好氏の淡州十人衆の一人に数えられる。

この島を訪ねてみると、港から少し陸に入ったところに、石組みの八角井戸がある。いつ誰が造ったのかは不明であるが、五島列島福江や平戸の六角井戸とよく似ている。六角井戸は王直などの中国からの渡海者と関連づけられている。沼島の八角井戸も、あるいは中国渡海者が関わっているかも知れない。

鄭舜功は沼島について、次のように記録している。

4-10　沼島の八角井戸。兵庫県南あわじ市。2022年、著者撮影

> 夷（日本）の中南海には奴島がある。音は「盗」である。この地区はもっぱら航海して、巡礼者の船を略奪する。もし客船が大きければ大船に乗って〔奴島から漕ぎ出して〕劫掠し、客船が小さければ小舟に乗って強奪・殺戮する。もし僧侶が〔客船に乗っていて〕出会ったら、財は盗るが命までは取らない。（『窮河話海』巻四「風土」）

「盗」は寄語で〈ヌスヒト〉と訓読されている（『窮河話海』巻五「寄語」人物）。つまり鄭舜功が得た情報によると、奴島は「ぬすっとの島」ということになる。そこで「夷海右道」の航路では、奴島には立ち寄らず、先を急いでいる。

五つの島からなるとされる大門島は、沼島から紀伊半島に渡る途中にある友ケ島（現、和歌山市）である。ただ、実際は四島（沖ノ島・神島・虎島・地ノ島）しかない。沖ノ島は中央部がくびれているので、二つの島と数えたのかも知れない。

探暴関は〈タンノワセキ〉と寄語が付されているところから、大阪府岬町の淡輪《たんのわ》である。鄭舜功は以下のような情報を伝えてくれる。

> 和泉の民は、貨物を積み上げて生業としている。かつては奸悪なものが探暴関に住み着いてい

た。小舟を走らせて、土佐・豊後の海洋に乗り出し、辺鄙《へんぴ》な島に密かに停泊し、商船を窺《うかが》い、これを略奪していた。嘉靖丙辰（一五五六年）には、地元の日本人の細屋が、徐海に脅従し〔中国を〕襲撃した。（『籌河話海』巻四「風土」）

和泉から海に出るものたちは、主に土佐沖ルートをたどって豊後水道にまで進出したことを、この記事からうかがい知ることができる。「脅従」とは文字通りには「脅されて従った」である。この熟語は中国の判例で、「共犯」という意味でしばしば用いられ、主犯格の罪人よりも罪が軽減される場合が多い。和泉の細屋なる人物は徐海に脅従したというが、実際は自発的に徐海グループに参加したものであろう。細屋が江南で入手した物産は、おそらく堺で売却されたと想像される。

来島は寄語で〈コシマ〉とあるところから、位置関係に少々疑問なしとはしないものの現在の和歌山県と隣接する大阪府岬町の多奈川小島に比定される。

大阪湾岸を航行して、堺に入る。

一五五〇年代の堺

堺は「会合衆《えごうしゅう》」と呼ばれた有力商人による自治を行っていたとされる。一五世紀末から一六世紀なかばころまで、一〇名で構成される会合衆は、細川氏あるいは大内氏のもとで、遣明貿易に参画することで財を築いた商人であった。

一五三八年に本願寺証如《しょうにょ》に面会しにきた「堺南北十人の客衆」は「渡唐の儀」に関わる商人であっ

た。この一〇人の客衆が会合衆であったと推測される。「南北」とあるのは、守護大名細川氏が堺に置いていた荘園が南北に分かれていたことに由来し、会合衆もまた細川氏の統治の枠組みのなかで組織されていた。

遣明貿易が途絶し、細川氏が衰退すると、堺の社会構成も大きく変化した。史料からは堺南北荘という記載が見られなくなり、荘園制的秩序が衰退したと考えられる。細川氏に代わって堺に影響力を及ぼした武家は、三好氏である。

もともと細川氏分家の阿波細川家に仕えていた三好氏は、四国から畿内に勢力の基盤を移し、一五五〇年代には三好長慶が京都武家政権の実権を掌握する。これを「三好政権」と、日本史では呼んでいる。鄭舜功がその配下を京都に派遣したとき、その交渉相手の一人に指名されていたのが、この三好長慶である。三好氏は堺を一個の交易都市として発展させることを意図し、「堺奉行」を置くとともに、茶の湯を通して有力商人との関係を深化させた（藤本、二〇一七）。

有力商人も遣明貿易の衰退とともに、顔ぶれが変わる。鄭舜功が日本に滞在していた時期、堺は種子島から導入した鉄砲の大量生産で栄えていた。鉄砲だけではない。火薬の原料となる硝石・硫黄、鉄砲玉に加工される鉛なども堺が集散地となったと考えられる。

こうした軍事物資の取引で財をなし、堺の有力商人となったのが、納屋衆と呼ばれる商人である。鉄砲生産という軍需産業を背景に、堺は濠をめぐらせて武家の侵入から町を守り、自治都市として存立するようになる。

堺からは小舟に乗り換えて大阪湾を経て淀川水系に入り、小坂〈ヲサカ〉・守口〈モリクチ〉・八幡

〈ヤワタ〉・下鳥羽〈シモトハ〉・上鳥羽〈カミトハ〉を経て京都に入る。

小坂の寄語には〈ヲサカ〉とある。いまの大阪城周辺の一帯は、一五世紀まで「小坂」と表記されていた。浄土真宗の蓮如が一四九六年に本願寺を建立したときに、「大坂」に書きかえたのだとされる。鄭舜功が記す「小坂」は、現在の東大阪市の小阪《こさか》ではなく、この「大坂」である。

終章

海に終わる戦国時代

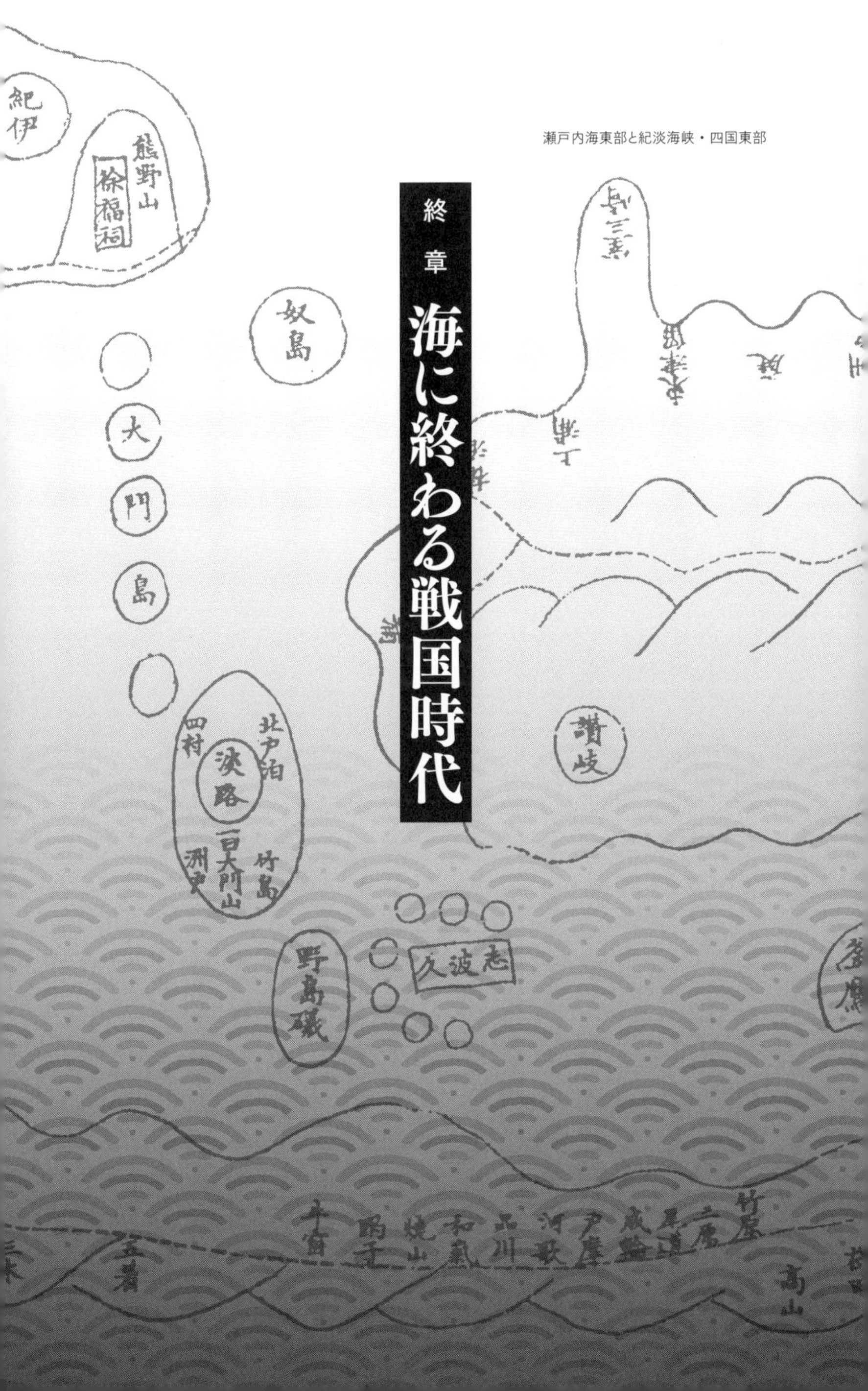

瀬戸内海東部と紀淡海峡・四国東部

鄭舜功は一五五七年に帰国する。時を同じくして、「嘉靖大倭寇」は沈静化していく。ほどなくして日本では織田信長・豊臣秀吉が武威によって日本の統一を目指し、中世の戦国の世から近世の泰平の世へと時代が変転する。この変化の背景には、『日本一鑑』に記録された海上ルートの存在があった。

本章では『日本一鑑』後の海上ルートが日本の歴史に与えた影響を概観し、さらに最後に本書の登場人物、荒ぶる渡海者であった徐海、日中間の交易を公認させ、海の覇者となろうとした王直、鄭舜功のライバルであった蔣洲と胡宗憲の最期を看取っていく。

最後に、鄭舜功本人の帰国後の姿を見送ることにしたい。

1　中世から近世へ

淡輪・深日訪問記

第四章で土佐沖ルートをたどってきた船に対する関所として、探暴関があることを紹介した。鄭舜功が付した寄語には、〈タンノワセキ〉とあるところから、その場所は大阪府岬町の淡輪《たんのわ》であると推定される。『日本一鑑』「窮河話海」巻四「風土」の記載によると、この地は海賊の拠点であり、地元の日本人は徐海の仲間に入り、中国に渡ったという。

二〇二二年六月、著者が大阪に出張した際に、この地を訪ねることができた。南海電鉄「淡輪」駅で下車。駅前の案内板に、九一一年に創建された船守神社が紹介されている。クスノキの巨木が境内にそびえ立っているとあり、その大樹を目指して船守神社に向かう。漁港の集落に特有な、海岸線に平行する細い道をたどり、その神社にたどり着く。

慶長年間一六〇七年または一六〇九年に豊臣秀頼の命で建立されたという本殿は、国の重要文化財に指定されている。管理している方から伺った話では、石山本願寺と織田信長とのあいだの戦役を背景とする時代小説、和田竜『村上海賊の娘』に泉州淡輪が登場したことで、遠方から訪ねる人が増えたとのこと。なかには、観光バスで来訪する一行もあるという。

5-1　淡輪の船守神社。大阪府泉南郡岬町。2022年、著者撮影

手渡された「船守神社略記」によると、祭神の一柱が、四六五年に新羅に出兵し活躍したものの戦中で病死した紀小弓宿禰《きのおゆみのすくね》である。『日本書紀』雄略天皇九年五月条には、その墓は「田身輪邑」（たむわのむら）にあるとされ、当地に比定されている。以後、この地は豪族・紀氏のゆかりの地となった。七六四年に起きた藤原仲麻呂の乱を追討した紀朝臣船守《きのあそんふなもり》（七三一～七九二年）の墓もこの地にあったとされ、神社の主祭神となっている。

さらに、『土佐日記』の著者に比定されている紀貫之も、第四章で先述したように土佐からの帰路にこの地を訪ねたとして、「船守神社略記」は次のように記す。「淡輪港の西南隅にお旅所があり、石の鳥居が建っています。この辺りを黒崎と呼び、……鳥居の近くに、かつて『紀貫之繋船之処』と刻んだ記念碑がありましたが、昭和九年の室戸台風に流失しました」。この御旅所を探して、淡輪漁港に向かって歩みを進めた。

漁港から駅にもどり、電車で「孝子《きょうし》」駅に。海岸から山に分け入る。駅の近くに「岬の歴史館」。もと小学校の校舎。考古の発掘資料や、かつて深日《ふけ》の一帯で栄えた瓦製作を紹介する展示がある。ここで『岬町の歴史』(「岬町の歴史」編さん委員会編、一九九五年)『歴史ガイドのための参考資料集』(岬町教育委員会、二〇〇二年)などを見せていただいた。これらの資料により、深日漁港の漁師が底引きで引き上げた陶磁器が、福建の産であるとして「深日青磁」と呼ばれていることを知る。

『岬町の歴史』のコラムには、つぎのようにある。深日の漁師たちは、紀淡海峡に並ぶ友ケ島の地ノ島と沖ノ島の中間北側の海域、通称「イカ場」を漁場としている。この漁場で手繰網漁を行うと、網に陶磁器が引き上げられることが一八五三年には知られていた。その中の陶器には四耳壺《しじこ》、磁器には青磁の皿・花瓶・香炉などが含まれ、特に多いものは外側に蓮弁文《れんべんもん》・雷文帯《らいもんたい》の下に蓮弁文をヘラ描きし、内底面に花文や文字を刻印した青磁碗であるという。その数は、六〇〇点を超える。

「岬の歴史館」で深日青磁の詳しい事情を知る方として生涯学習課長の小川正純氏を紹介していただいた。南海電鉄多奈川線に乗り、終点の「多奈川」駅で下車、すぐ近くの岬町文化センターに小川氏を訪ねた。

小川氏によると、深日の漁師の漁場「イカ場」では底引き網をすると、しばしばナウマン象の化石や焼き物が引き上げられる。伝承では、江戸時代にはタコに抱きかかえさせて引き上げることが行われたという。焼き物に関心を持つものが漁師から青磁を引き取り、保管していた。テレビ番組「開運！なんでも鑑定団」で特集されると、二〇〇点を越える「深日青磁」が集まった。この企画にあわせて、堺市教育委員会（当時）の森村健一氏が、中世の交易と青磁との関係について講演を行った。また、『村上海賊の娘』が契機となり、真鍋氏の子孫が集う「全国まなべ会」から問い合わせがあった。電話でのやりとりであったが、そのなかで「真鍋氏がかつては関を設けて航行する船から関銭を徴収していた」との話題が出たという。

わずか半日の歴史探訪であったが、『日本一鑑』に書き記された情報が、中世から近世へと転換する日本の状況のなかに、すっきりと収まるという確信を得ることができた。

陶器に映る歴史

深日青磁について詳しく知りたいと思い、貿易陶磁研究会の金沢陽氏を介して森村健一氏に問い合わせたところ、関連する論考を送ってくださった。

森村氏によると、応仁の乱（一四六七〜一四七七年）の戦乱は、足利義満が始めた日明交流のルートであった瀬戸内ルートの利用を困難にした。とくに朝貢の権利をめぐる大内氏と細川氏の対立は、細川氏にあらたな海路の確立を迫った。あらたなルートとして登場したのが、本書第四章で示した土佐沖ルートを用いた日明交流である。一四六九年にはじめて中国から戻ってきた遣明船が堺に入港、それ以降、しばしば遣明船が堺港を発着するようになる。堺の海商はそれまでの龍泉窯《りゅうせんよう》青磁ではなく、景徳鎮窯《けいとくちんよう》系の青花《せいか》・白磁をもっぱら輸入するようになった。

堺における発掘で、一四七〇年代前後の地層から、琉球の銅銭「世《せ》高《だか》通宝」とともに、龍泉窯系青磁などや、タイの四耳壺が出土している。四耳壺はコンテナとして用いられたと考えられる。

友ケ島周辺の海域で引き上げられた深日青磁について、「龍泉窯系青磁線描蓮弁文碗」「青磁双耳付福寿字文花瓶」「景徳鎮窯系青花唐草文碗」などは、一五世紀後半の時代観の磁器であるという。紀淡海峡で遣明船が沈没した事実はないところから、深日青磁を積載していた沈没船は、土佐沖ルート

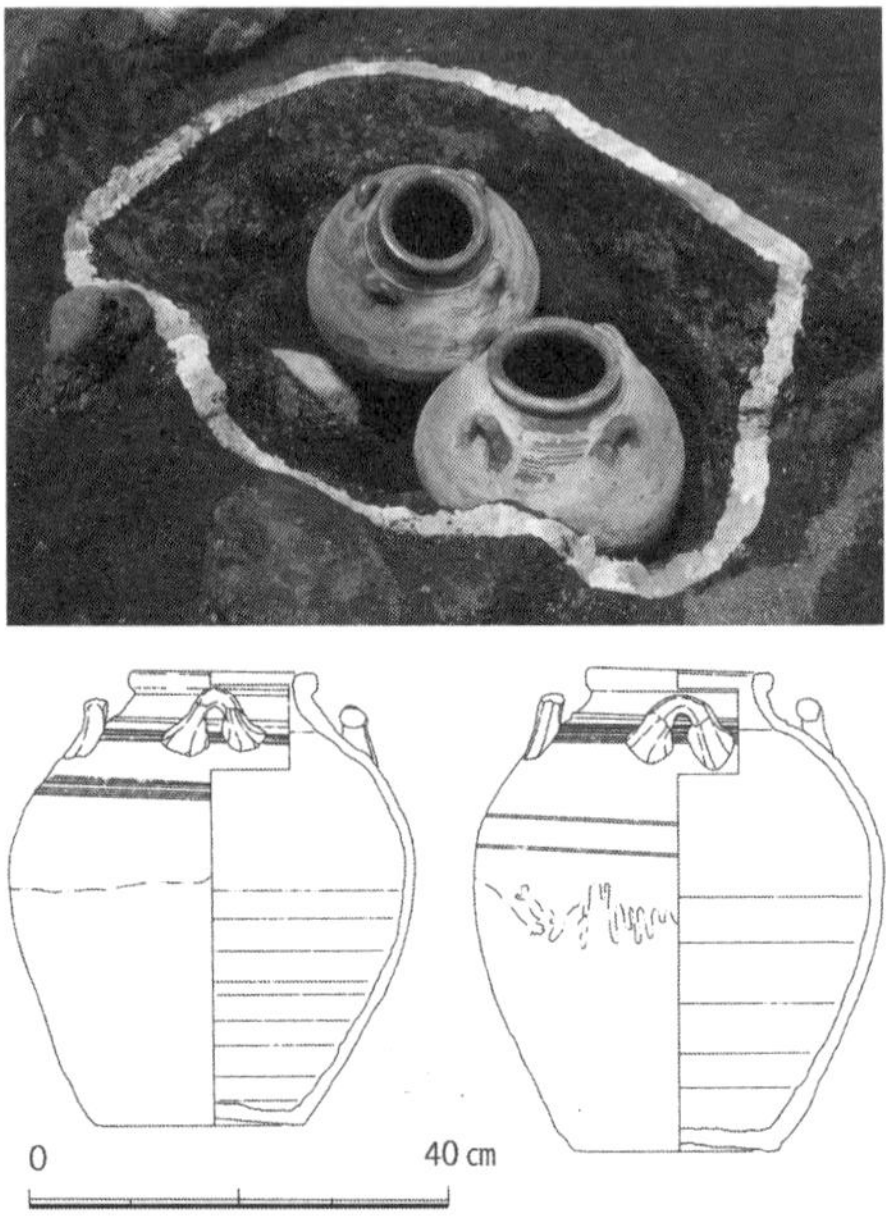

5-2　タイ産の四耳壺の出土状況。續伸一郎「堺環濠都市遺跡出土の貿易陶磁（2）：「南蛮貿易」期を中心として」第42回日本貿易陶磁研究会研究集会発表要旨（2022年）より

を利用した堺の海商の自由貿易船であろうと推定されている（森村、二〇一九）。

森村氏のいうところの「自由貿易船」は、どこから来た船だったのだろうか。一五世紀に明朝の海禁政策は維持されており、寧波から堺に直行した船とすることはできない。一つの推定として、本書第一章で紹介したように、明朝から琉球に一五三〇年代に派遣された使節の一行が、日本の禅僧と知り合いになり、「日本で商売ができる」と聞いたという話を、鄭舜功が記載している。琉球に赴いた堺の商人が仕立てた船が沈没した、とするのが順当であろう。

琉球と明朝との交易について、一四六九年に明朝側で朝貢を管理する市舶司が、福建の泉州から福州に移転したことで、龍泉窯などで産する青磁の調達が容易になったとしている。当時、景徳鎮窯青花は、江西の景徳鎮から水路と陸路で東南アジアに供給されていた。また、ヴェトナム産の青花も大量に輸出されていた。琉球は景徳鎮・ヴェトナム産との競合を避けて、龍泉窯青磁を扱うようになった。一五世紀末以降は、琉球船も福州で景徳鎮窯青花を多く輸入するようになったという（中島楽章、二〇二〇。二〇三〜二〇四頁）。

琉球が輸入した陶磁器の変遷と深日青磁の構成を突き合わせてみると、問題の沈没船は琉球で陶磁を積載して堺を目指していた船である可能性が高い。この時点では、まだ福建商人は日中間の密貿易には関わっていない。その船は中国型の外洋船ジャンクではなく、和船であった可能性が高い。

また、森村氏によると高知市にある吸江寺《ぎゅうこうじ》は、臨済宗の夢窓疎石（一二七五〜一三五一年）が一三一八年に開山した禅寺であり、以後、土佐には臨済宗のネットワークが形成され、土佐の木材を堺に移出することと関連があったという（森村、二〇一九）。一四五〇年に臨済宗の芥隠《かいいん》が京都から琉球に渡り、臨済宗南禅寺派の禅を伝授し、尚泰久王《しょうたいきゅう》が帰依した。その後、国王の庇護のもとで広厳寺・普門寺・天竜寺などが創建され、仏教布教が本格化した（上江洲、二〇二〇）。鄭舜功が記す禅僧とは、臨済宗の僧侶であると考えられる。

おそらく、その船は臨済宗ネットワークをたよりに、土佐沖ルートをたどって紀淡海峡までいたったところで、暴風に遭遇したのであろう、友ケ島の周辺で沈没したものと想像される。

軍事物資の輸入ルート

一五五〇年代以降、太平洋ルートを経てもたらされた物品には、東南アジア産の陶器のほかに、軍事物資である硝石と鉛が含まれていた。硝石は周知のように、黒色火薬の原料、鉛は弾丸となる。鄭舜功は「硝、土産（日本産）はない。近くからでは中国で、遠くからはシャムで買い付けられている」（「窮河話海」巻二「器用」）と述べている。硝石は中国では民間の取引が厳禁されていたが、密輸が絶えなかった。さらにタイでは、鍾乳洞に堆積しているコウモリの糞を原料に、硝石が造られていた（中島楽章、二〇二一a）。硝石はタイ産の四耳壺に詰められて、堺にもたらされた。

一五五〇年代から六〇年代にかけて、軍事物資輸入港となった堺を影響下においた人物が、鄭舜功が配下の沈孟綱と胡福寧を派遣して交渉した三好長慶である。ルイス＝フロイス『日本史』の一五六六年の記事には、三好氏の被官であった加地権介久勝《かじごんのすけひさかつ》が堺奉行として、堺に在住していたとある（天野、二〇一〇。二三五〜二三七頁）。三好長慶は織田信長に先んじて、鉄砲を活用した人物として知られている。その背景には、太平洋ルートでもたらされる硝石と鉛、そして硫黄島などで積み込まれた硫黄があったと考えられる。

太平洋ルートによる交易が飛躍するこの時期に、アジア海域史上の激変が起きる。皇帝が代替わりしたタイミングで、一五六七年についに祖法としてきた海禁政策を明朝が緩和したのである。「東西二洋」、すなわち華南からヴェトナム・マラッカ方面に向かう西洋航路と、中国から台湾・フィリピンを経てブルネイ方面に向かう東洋航路について、対外交易を行うことが認められたのである。

ただし、日本との交易は依然として禁じられた。日本からの密輸品であった火薬の原料である硫黄などの輸入も厳禁とされた。東南アジアと中国とのあいだを往復する交易船は、交易許可証にあたる号票文引を所持し、そこに貨物の明細、乗組員の氏名・風貌・戸籍などを記載し、海防官が検査することになっていた。

海禁緩和にともない中国側の交易拠点となったのが、福建省漳州の月港であった。一五六七年には、港の管理を行うために県の行政機関が置かれ、海上交易が公明正大に行われるようにと海澄《かいちょう》県と名づけられた。海防館（のちに靖海館と改称）という海上での治安維持にあたる官署が置かれ、港を出入りする商船を検査し、税金を徴収し、密輸品を摘発したのである。

海上を航行する商船は、もはや取り締まられる恐れはない。中国商人、ジャンクに同乗したポルトガル商人が、大手を振って堺に来航するようになった。日本の商船が直接に中国の港に入ることは許されなかったが、東南アジアに赴いて交易を行う堺商人が現れた。

東南アジアとの交流が深まるとともに、堺の町人である茶人のあいだで東南アジア産の茶陶がブームとなる。硝石などを運ぶために用いられたタイ産四耳壺は、内容物を売却したのちに、茶壺として転売されたと思われる。転売できるように、白釉《はくゆう》を掛けた壺や色合いのよい壺が選ばれて輸入されていたという（森村、二〇一八）。

淡輪と石山本願寺

一五七〇年に織田信長は、大坂の本願寺勢力との戦争を始める。この戦争は、一五八〇年まで続く。その前半期は、軍事物資の瀬戸内ルートをめぐる抗争でもあった。豊後の大友義鎮《よししげ》は能島《のしま》村上氏を毛利氏から離反させるなど、反毛利同盟を形成するために政略を進めた。この同盟は天神山城の戦い（一五七四〜七五年）で解体し、その結果、毛利氏は瀬戸内ルート東部にまで勢力を伸張させることになる。

本願寺は一五七三年ごろには毛利氏と手を結んでおり、信長に対する包囲網を形成した。信長は瀬戸内ルートで硝石などの軍事物資を入手することが困難な状況に、置かれていたのである。太平洋ルートの軍事的な重要性は、一気に高まったものと考えられる。

本願寺は堺にいたる太平洋ルートの要衝であった紀淡海峡を扼する淡輪《たんのわ》に、門徒衆団を擁していたと考えられる。天正六年（一五七八年）と推定される六月一九日付、あて先を「谷輪・吹井《ふけい》・嘉祥寺警固中」とする常楽寺証賢・下間頼廉《しもつまらいれん》連署書状（鷺森別院文書）に、石山本願寺の船舶を警固する船を明二〇日までに参着させよとの指示が記されている（須田牧子氏にご示教いただいた）。

さらに『信長公記』巻一一の天正六年の項には、次のようにある。

勢州（伊勢）の九鬼右馬允《うまのじょう》（嘉隆）に〔信長は〕仰せつけて、大船六艘を造り、あわせて滝川左近の大船一艘、これは「白舟」にこしらえて、順風を見計らい、六月二十六日に熊野浦に押し出し、大坂方面に乗り回そうとしたところ、「谷の輪」（淡輪）海上にて、この大船を押しとどめようと、雑賀《さいが》や谷輪の浦々から無数の小船が乗り出して、矢を射かけ、鉄砲を放ちかけ、四方より攻め立てた。

九鬼右馬允は、七艘の大船に小船を従え、山のような偉容を示し、敵船を間近に寄せ付けてもてあそんでから、「大鉄炮」（大砲）を一斉に放ち、敵船の多くを打ち崩した。〔敵船は〕その後はなかなか寄りつくこともできず、〔九鬼の率いる大船は〕難なく、七月十七日に、堺の港に着岸した。見物していた人々の耳目を、驚かしたのである。

伊勢から九鬼が率いてきた大船は、一般に鉄甲船であったとされるが、これは後世のイメージである。ただし宣教師オルガンチノ（一五三二?～一六〇九年）が実見したうえで作成した報告書には、信長が命じて伊勢で建造された大船は、ポルトガルの船に似て、三門の大砲を装備していたとする。大砲を目の前にしたオルガンチノは、日本には豊後の大友義鎮が造った数門の大砲だけしか存在しないとされていたが、それよりも大きな大砲であると驚愕している。この報告書を素直に読めば、この大船はポルトガルのナウと呼ばれた船、いわゆる南蛮船を模したものだということになる。

一方、「白舟」とある船は、一六〇三年から翌年にかけて長崎で発行された『日葡辞書』に〈Xirofune〉、すなわち中国式のジャンクであるとの記載があるところから、ジャンクを模した船であった可能性がある。こうした船舶が伊勢などで建造できた背景には、太平洋ルートで紀伊半島を回り込んだ南蛮船やジャンクが伊勢に到達し、異国船や大砲を造る技術が伝播《でんぱ》していたことが考えられる。

大船の実像は想像の域を越えるものではないが、堺に入港した後、本願寺との戦役が落ち着く一五八一年まで大阪湾にとどまり、信長方の海上ルートを警固した。

淡輪に拠点を置いた本願寺勢力を制圧した信長は、大阪湾の制海権を奪取すると、翌年の天正六年（一五七八年）に押し寄せた毛利の水軍を、家島の沖合で迎撃して敗退させた。家島は第四章で述べたように、鄭舜功が「野島磯」とした家島諸島である。『日本一鑑』が大阪湾の南の関である淡輪を「探暴関」として、家島を「野島磯」として、それぞれ記載していたことにあらためて気づかされる。

美意識の変容

一五九〇年代に豊臣秀吉が朝鮮への侵攻を計画すると、軍事物資の輸入量が飛躍的に増えた。それとともに、東南アジア産の陶器も多く堺にもたらされるようになる。この時期の堺の地層からは、タイ産四耳壺などが大量に出土する。こうした貿易を背景に、日本の美意識が変容し始めた。

私たちはえてして、美術・工芸を趣味の問題として、政治や経済よりも軽視する。しかし、「美」と「力」とが結びついたとき、それはときに歴史を動かす。織田信長にしてもナポレオンにしても、あるいはヒトラーにしても、自らの美意識に基づいて「美」の基準を立てることで、絶対的な権威を確立したことを想起していただきたい。

一五、一六世紀の日本における美の基準を確立したのは源義満（足利義満）である。彼は京都の相国寺に高さ約一〇九メートルの七重塔を建立し、鹿苑寺《ろくおんじ》に金閣を造営するなど、権力を誇示した。しかし、彼の神髄は、武家の感性を公家の文化で洗練させることで、日本の美の基準を創ったところにある。

義満は阿弥号《あみごう》を有する同朋衆《どうぼうしゅう》を動員して、美の基準を打ち立てた。「阿弥」号は一遍が創始した時宗において用いられた名号「阿弥陀仏」の略で、その標識を持つものは僧侶の身なりをしていた。鎌倉最末期の戦乱の時期に、時宗の僧が従軍僧として軍隊に従い、戦死者に念仏を授けて菩提を弔っていた。武将も彼らを同行させた。南北朝の内乱のなかでも、時宗の僧が軍勢に加わっていた。命のやりとりが行われる戦場において、武家と遁世者との関係が始まった。遁世者は必要に応じて、身につけた技能を発揮する。医術の心得のあるものは、戦場で傷ついたものを治療した。また文芸の心得のあるものは、武将の求めに応じて、和歌や連歌の席に加わった。義満の時代にいたり、その才覚をもって将軍などに仕える一群の人々が生まれ、同朋衆と呼ばれるようになったのである。

美の基準づくりにかかわった同朋衆としては、舞台芸術「能」を昇華させた世阿弥が挙げられるが、中国から渡った唐物の価値を評価した金阿弥などは、舶来ものを「名物」という日本独自の威信財へと変換した。京都武家政権は、この名物を守護大名などの有力者に分配することで、権威を維持したのである。この仕組みは、源義政（足利義政）の時代に、座敷飾りの秘伝書『君台観左右帳記《くんだいかんそうちょうき》』を著したとされる能阿弥などの力を借りて、発展していく。

義満が打ち立てた「美」に基づく権力体制を物的に裏付けたものは、朝貢貿易によってもたらされる唐物である。将軍の力が弱まると、守護大名の細川氏・山内氏が、朝貢を代行することで権威を高めようとした。一五二三年の寧波事件は、朝貢・唐物・名物という連環を動揺させた。さらに一五五〇年代になると、王直などが明朝から密貿易と断罪される民間交易を担い、徐海が倭寇と呼ばれる略奪を江南で行い、物品を日本に搬入するようになる。西国の大名たちは、京都武家政権の手を経ずに、直接に唐物を入手し、名物を分配する。

『信長公記』巻一一の天正六年（一五七八年）によると、その年の九月に織田信長は多忙のなか、足利氏に関係があるものを引き連れて堺に赴き、「唐物」を満載した異国船を観覧したという。これはさかのぼること応永九年（一四〇二年）に、足利義満本人が姫を伴って兵庫に赴き、明国の外洋船が着岸する様をみずからの目で確かめたという先例に則っているという。この時期には安土城の造営が進められており、その内装を唐物で飾ることで、権威を示そうとする意図も秘められていた可能性がある（黒嶋、二〇一二）。

一六世紀末には秀吉の朝鮮侵攻に先立ち軍事物資の大量輸入が始まると、タイ四耳壺やアユタヤの壺などが輸入される。堺の町人のあいだでは、東南アジア産の茶陶のブームが起こる。その器は茶の湯に必要な茶人の個性を映し出す。茶会では渡海の苦労や異国での見聞が語られたことであろう。こうした潮流は、千利休によって大成される茶の湯を支えるあらたな美意識を創出したと、森村氏は述べている（森村、二〇一八）。

「中世の日本」から「近世の日本」へ

一三世紀に始まる「中世の日本」では、「武士の道」などと呼ばれる、名誉を重んじ恥を厭《いと》う「武士らしい心構え」が育ってきた。この気風が戦国時代にも受け継がれていたことは、『日本一鑑』の記述から読み取ることができる。織田信長・豊臣秀吉と武力で日本は統一され、「近世の日本」へと時代は進む。一七世紀から一九世紀なかばまで続く江戸武家政権のもとでも、武威による統治が行われ、「武士の道」は精神論として純化されていく。

この「武士の道」を外から見ると、凶暴で理不尽だとみなされる。一五二三年の寧波事件は、明代の中国人に、凶暴な日本人というイメージを植え付ける契機となった。一五五〇年代の倭寇と一六世紀末の壬辰戦争は、中国と朝鮮にそのような日本人像を増幅させた。さらに二〇世紀の日本のアジア侵略のなかで固定化され、いまも払拭されずにわだかまりとして残っている。

鄭舜功は、稀有な渡海者であった。日本人の凶暴なイメージをステレオタイプとして固定的に捉えるのではなく、命を塵芥《ちりあくた》のように扱う所業の背後にある厳格な秩序意識を読み取った。その象徴に「不殺の刀」がある。この刀に示される気風を理解したうえで日本人と接すれば、折り合うことが可能であると考えた。中国と日本という二つの文化を理解するものが媒介することで、二つの国のあいだで国交を開くことができる、鄭舜功はそのために尽力したといえよう。

中国人倭寇の船に同乗していたポルトガル人が鉄砲を種子島に伝え、種子島から各地に広がった鉄砲が全国統一の動きを加速し、日本を中世から近世へと転換させたとされることが多い。しかし、鉄砲だけでは、戦えない。火薬が必要なのである。

『日本一鑑』に示されている一六世紀なかばの海域世界の状況と突き合わせてみると、本書第四章で提示した海上の分岐圏、すなわち航海者の目印となる屋久島を中心とする種子島・硫黄島の周辺海域ならびに九州南部の大隅半島・薩摩半島の諸港からなる海域に、中国のジャンクやポルトガルのナウ船などが集結し、そこから日本の各方面に分かれて交易を展開し、火薬の原料となる硝石と硫黄とを取引した。海上ルートの確立が、中世の日本を終結させる要因の一つになったと考えることができる。

その主役の一人が、従来ほとんど評価されることのなかった徐海である。鄭舜功は徐海が一千艘の船舶を動員したと、誇張気味に述べている。おそらく海上の分岐圏に集まっていた船が、徐海に従ったと考えられる。

徐海が叔父の徐惟学の展開していた東南アジアから広東の南澳を経て日本にいたるルートを引き継ぎ、太平洋ルートを経由して紀伊水道に点在する海の武士を引き込み、アジアと堺とを結ぶ交易を展開していたという仮説を提示したい。

近年、サプライチェーンという観点から一五七五年の長篠合戦が論じられることが多くなった。硝石と鉛を入手するルートを確保していた織田信長に、十分な火薬と弾丸を準備できなかった武田勝頼が敗北したとされる。それから二五年後、一六〇〇年の関ケ原の戦いでは、西軍・東軍はそれぞれ大量の鉄砲を用いたが、戦場で大量に消費された火薬と弾丸のサプライチェーンはどうなっていたのだろうか。西軍が瀬戸内ルート、東軍が太平洋ルートと想像されるが、日本史を専攻する方にぜひご教示をお願いしたい。

2　その後の主役たち

徐海の最期――『日本一鑑』による

江南で略奪を繰り返していた徐海の末期については、『日本一鑑』「窮河話海」巻六「流逋」に収められた徐海伝によると、およそ次のような展開となる。

三里橋での官軍との戦闘で重傷を負った徐海は、弱気になり投降する気を起こしたようである。都御史《とぎょし》・胡宗憲は民間人の何子実《かしじつ》の探索によって、徐海の〔投降の希望を持っているという〕情報を得た。胡宗憲は徐海を懐柔するために、何子実らを指揮官に任じ、人質を徐海の拠点に送り、それと交換で徐海の弟の徐洪《じょこう》を連絡役として軍門に招き入れた。さらに討伐する意図はないことを示すために、桐郷《とうきょう》の包囲を解かせた。さらに厳嵩《げんすう》の息子の厳世蕃《せいはん》の幕僚で、中書舎人（秘書官）を務めたこともある羅龍文を、人質として徐海の拠点に送り込み、徐海の投降の期日を決めさせた。羅は皇帝の寵臣に連なるものであり、徐海を信用させるために、胡宗憲が人選したのであろう。徐海は期日に先立って兵を連れて平湖に入り、趙文華や胡宗憲など明朝側の要人と面会しにいった。

この時、趙文華は「お前は反逆を犯した者であるがもともと中国の生民である。どうして日本人を引き込んで地方に害をもたらしたのか。本来なら許さず斬首に処すところだがお前の投降の一念は良しとすべきである。今は特にお前を許す。謹慎して、私が朝廷に奏請して返事が来るまで待つがよい。もし落ち着くことなく一木一草でも動きを見せたら、私が自ら六軍を率いて天命を奉じて討伐し、決して許さぬであろう」と言い渡した。

この時、徐海が反逆の気配を見せたので趙文華はそれを悟って、徐海に酒を与え毒殺しようとした。しかし羅龍文がまだ徐海のもとにいたため中止した。徐海は既に退いて沈荘に拠点を移した。徐海の参謀として以前から潜り込んでいた胡宗憲の手下のものが、羅龍文とともに、胡宗憲は必ず許すと徐海を説得した。徐海はそのことばを信じ、その一党を四散させたのである。

全て準備が整ったところで夜、何子実らに旗を掲げて官軍を導かせ、徐海の拠点を掃討した。王翠翹・王緑妹は捕虜となり、徐海は川に身を投じて溺死した。弟の徐洪らは都に送られ処刑された。

徐海の最後――『籌海図編』による

鄭若曽が著した『籌海図編』には、鄭舜功のライバル蔣洲の功績が起点となる別のストーリーが記されている。

蔣洲の使節は王直と面談したときに、日本国王あての檄文を携えてきていること、明朝に王直を招き入れる用意があることを告げた。母親のことばが添えられている息子からの私信を読み、王直はその申し出に賭けてみる決心をしたものと想像される。『明世宗実録』に残された陳可願の報告によれば、王直は次のように語ったという。

> 日本は国が乱れ、国王とその宰相はいずれも死んでおり、もろもろの島夷（日本人）は統率が取れていない。各地をめぐって諭せば、侵攻を終息させることができるだろう。薩摩州の賊船（徐海の一派）はこの上諭を奉じる前に、海を渡って略奪を行っている。
>
> 我らはむかし密貿易の禁令に触れて窮地に陥っているが、これは本心ではない。中国がこれま

での罪を許し、〔日本の領主の〕朝貢と互市（交易）を認めてくれるのであれば、賊を殺すことに貢献したい。（『明世宗実録』嘉靖三十五年四月甲午）

こうして話がまとまると、使節は二手に分かれる。正使の蔣洲は日本に残り、王直とともに九州・西日本の領主のもとを訪ねてまわり、胡宗憲が用意した檄文の内容を諭す。一方、副使の陳可願は王《おう》激《ごう》（王直の養子）、王直と若いときからの付き合いがある葉宗満《ようそうまん》、通商に携わっていた夏正などを伴って、一五五六年の春に帰国し、胡宗憲に復命する。

王激などは、中国沿海における倭寇の討伐に参画し、徐海グループに離間策を施した。徐海と陳東とは、長江デルタの突端に位置する柘林《しゃりん》と乍浦《さほ》に基地を置き、一五五六年に一万あまりの軍勢を結集して、三方面から江南一帯を荒らし回っていた。王激は王直が明朝への帰順を決めたという書簡をしたため、ともに帰国した夏正に徐海の軍営に届けさせたのである。

夏正は徐海に「陳東はすでに胡宗憲と密約を交わしている。あなたが孤立するのでないかと心配している」と耳打ちする。徐海はその計略に気づかず、陳東の身柄を胡宗憲に差し出して投降。胡宗憲は陳東の残党に徐海を襲わせ、投身自殺に追い込んだという。こうして徐海の軍勢は瓦解するのである。

『籌海図編』巻九の「紀剿徐海本末」に、この陳東なるものが「薩摩王弟、故帳下書記酋（薩摩の王の弟で、かつては帳下（行軍の際の大将の幕舎）で書記を担当した頭目）」とあり、本書の一七一頁で登場した島津尚久ではないか、という説がある。尚久は薩摩統一事業を進めていた島津貴久の弟である。京都の朝廷から倭寇対策を行うように促され、徐海とともに行動するなかで策動し、最終的にその配下の軍勢で徐海を破滅させたというのであるが、これは想像の域を出るものではない。

胡宗憲が王激に褒美を与えると、王激は「こんなもんでは褒美にはなりません。我が父（王直）が来たときには、一斗樽ほどの金印をいただきましょう」（『籌海図編』巻九）と啖呵《たんか》を切った。王激が率いる軍勢は、胡宗憲の配下に入ったと見ることができる。翌一五五七年に王激と葉宗満らは王直のもとに戻り、明朝側が迎え入れるという申し出に偽りはないと報告する。

王直の最期

一五五七年一〇月下旬、ついに王直が動く。船団を組み、豊州王からの朝貢使節と称して、大友と大内が派遣した朝貢使節を伴い、一千名あまりの軍勢を擁して舟山島西北に位置する岑《しん》港に停泊した。豊州王とは、大友義鎮を指す。

ここで王直は、「王直上訴」として知られている明朝に対する要望書を作成した。そこには王直が通商を目的に活動したのであって、けっして倭寇ではないこと、逆に倭寇取り締まりに尽力してきたことを訴え、胡宗憲からの使節を迎えてからのちの経緯を次のように述べる。

〔蔣洲と私は〕海に面する九州十有二島をもって、ともに渡り歩いて教え諭し、おおかたの領主に〔倭寇と〕関係を絶つようにさせました。使臣（蔣洲）が日本に到着し今にいたるあいだに、すでに五島・松浦・対馬・博多などの処に赴き、三、四割がた禁令を行き渡らせました。そのために今年は、日本からの船は激減しています。

しかし、薩摩は倭寇との関係を絶たないため、賊は再び浙江・直隷を襲おうとしています。そこで養子の毛海峯（王激）に命じて、使節の副使である陳可願を船で送り届けることとし、国に帰って報告し、予防策を講じさせようと思います。

そして、彼のヴィジョンが示される。

もし皇帝の恩義によって罪が許されれば、浙江の沿海地域で海上の取り締まりを行うとともに、交易を管理して通関税の徴収を担い、朝貢の時期を守らせるとともに、日本の各島々の領主に倭寇の取り締まりを行わせて、ふたたび跋扈《ばっこ》することのないようにさせます。これこそが戦わずして相手を屈服させる兵法です。もし怠ることがあれば、万死をもって償う罪となるでしょう。

つまり、シナ海域における通商権と警察権とを自分が掌握する、といっているのである。

しかし、事態は王直の期待を裏切る。倭寇の大頭目が戻ってきたというニュースは、倭寇の被害を受けていた江南をパニックに陥れた。地方の官僚たちは、中央に社会の反応を伝えると、官界では王直を招き入れることに反対する意見が強くなる。

雲行きが怪しくなっていくことを感知した王直は、胡宗憲にその真意を確かめた。胡宗憲は王激らに、他意はないことを伝えさせ、その疑念を解こうとした。さらに王直の母親と息子の手紙を葉宗満に託し、帰順を促した。王直はついに投降する決意を固め、留守を王激に託して、胡宗憲の軍門に降るのである。胡宗憲は祝宴を開いて接待し、豪華な輿《こし》や召使い、宿所を用意してもてなした。

一方政界では、王直を指弾する声が、次第に強くなる。この時期に朝廷では、中国史上でもっとも有名な佞臣《ねいしん》の一人とされる厳嵩が勢力を持っていた。おそらく胡宗憲はこの厳嵩に働きかけ、王直を明朝に招き入れ、互市を公認するように努力したと思われる。しかし、胡宗憲の政界工作は、効果を発揮しなかった。そればかりか、胡が王直から莫大な賄賂を受け取っているという噂が立ち始め、彼自身の立場も怪しくなってくる。

一五五八年二月、王直はついに収監されることになった。王直下獄の知らせを受け、岑港で留守を任されていた王滶は、まず裏切り者として夏正を血祭りに上げてから、蜂起し山に立てこもった。

同年一二月明朝は、王直の処刑を決定した。胡宗憲は王直の処刑を受け入れざるを得なかったが、それでも帰順し戦功を立てた葉宗満などは、死を免じるように懇願している。

およそ一年後の嘉靖三八年一二月二五日（一五六〇年一月二二日）、王直は杭州の官巷口の刑場で斬首された。

他方、蜂起した王滶らは、しだいに追い詰められ、一五五八年末に福建方面に出帆して落ちのび、同行していた日本の使節は日本に帰国した。王直処刑後、葉宗満などは辺境の軍に兵卒として送られ、王直の妻と息子は、奴婢の身分に落とされた。

蔣洲と胡宗憲のその後

日本に赴いて王直を帰順させた蔣洲は、保身に走った胡宗憲からトカゲの尻尾切りのような仕打ちをうける。日本国王に会わずに勝手に行動したとして、死刑の判決をうけるのであるが、擁護する官僚もあり赦免された。

明から清へと転換する激動の時期を過ごした知識人・黄宗羲《こうそうぎ》は、蔣洲の功績を記す評伝のなかで、蔣洲のその後について、次のように述べている。釈放されたあと北辺防衛の指揮官から軍務管理に協力してほしいと招かれるが、蔣洲は「書生の身でありながら万里の海を渡ったのは、ただ国家にわずかなりとも貢献したいと願ったからです。功績を挙げたにもかかわらず、そしりを受けました。命を投げ出した功績が後世に記されるのであれば、贖罪《しょくざい》となるというものです。ほかに何を望むでしょうか」と述べて申し出を断った。一五七二年、山東省の昌平の旅舎で病死した（黄宗羲「蔣氏三世伝」『黄梨洲文集』巻五「伝状類」）。

王直の悲劇は、明朝皇帝の朱厚熜（嘉靖帝）の朝令暮改が招いたものである。一度は王直を招いて日本の朝貢を認め、互市を許すという胡宗憲の提案を裁可したにもかかわらず、官界の原則論に押されて取り消した。佞臣の厳嵩が失脚すると、後ろ盾を失った胡宗憲も、王直と結託していたと糾弾され、一五六二年には身分を剝奪され、翌年には秘密警察の錦衣衛に拘束され査問を受けるなかで自尽する。

丹薬による中毒で嘉靖帝が死去して代替わりした一五六七年、王直が求めていた海禁緩和が認められる。ただし、日本と直接に往来することは禁止されたままであった。

帰国後の鄭舜功

鄭舜功の帰国に合わせて、嘉靖三五年冬（一五五七年一月）大友義鎮は府内同慈寺華岳院主で佐伯の臨済宗妙心寺派龍護寺の僧侶であった清授を正使とし、野津院到明寺僧侶の清超を副使として派遣した。

渡海には適していない冬の海に乗り出し、九死に一生を得て広州に漂着したのち、鄭舜功は浙江で倭寇対策の総指揮を執る胡宗憲のもとに向かった。帰国した鄭舜功ら一行を待っていたものは、胡宗憲による過酷な処断であった。

『日本一鑑』「窮河話海」の巻八、「評議」の項目には、以下の文章がある。

私が忠義を尽くしたことが賞賛されることはなく、思いがけず七年間も幽閉され、戒めを受けることになった。いわんや沈孟綱などは、遥か遠く夷の朝廷に使いして功を成したにもかかわらず、帰国すると陥穽《かんせい》に陥った。〔明の〕朝廷に真実が届かず、これ以上の冤罪はない。後に上諭を奉じて使するものは、これをもって心を冷やさないものはないだろう。

京都にのぼり三好長慶などと交渉することに成功した沈孟綱と胡福寧の運命は、さらに過酷であった。潮州の海上で取り調べられ、報告書は廃棄されて投獄された。その情報を得た鄭舜功は胡宗憲に事情を説明したが、事態は好転しなかった。人を頼んで広州に赴かせ、現地で沈と胡を救う手立てを探ろうとしたが、すでに殺されていたという。

また、報使である清授も四川に護送された。鄭舜功はこれについても三回にもわたり上奏したが、取り上げられなかった。『明世宗実録』嘉靖三八年（一五五九年）四月の条には次のように記される。

詔が発せられ、倭僧の清授は四川の寺に身柄を置くことになった。もともと清授は侍郎の楊宜が派遣した鄭舜功とともに寧波にいたったものである。……胡宗憲は「倭寇の情勢はすでに見るべきものがあり、清授は帰還させる必要はない。しかし、浙西に滞在させることは適切ではないので、洪武年間の故事にならって、四川の寺に送るべきである」と意見を上程した。兵部は皇帝の裁可を得て、これに従った。

「浙西」とは寧波よりも西に位置する杭州である。洪武年間の故事とは、疑獄事件に巻き込まれた日本使節が、洪武一四年（一三八一年）に四川などの辺境に送られ、兵役に充てられたことを指す。

こうした処遇について、鄭舜功は次のように述べている（「窮河話海」巻七「授節」）。

私が上諭を宣告する任務を奉じ〔日本に赴いたところ〕、日本の西〔海〕修理海道大夫で六国の長官である豊後土守の源義鎮（大友義鎮）は、僧の清授を派遣した。〔私が帰国する〕船に乗り合わせる報使として、国典（明朝の法典）を奉じ、〔日本に〕帰国したら、〔日本の為政者と〕一体となって〔明朝に朝貢することを求める〕表文を遵守して施行するとしていた。まず向化（文明を受け入れる）の心を知らしめることで、その後の憂いを密かに消滅させようという計画であった。

　ところが〔明朝の〕当事者は、この忠義の計略を用いず、混乱を助長し、むやみに先行事例（洪武年間の故事）を引っ張りだし、過って使節（清授）を四川に置くよう申請した。そのために東夷の心を挫《くじ》けさせた。ついに中国の流逋の欲は、辺境に底なしの禍を醸成することになったのだ。


　ここに「当事者」とある人物は、胡宗憲と断定してもよいだろう。胡宗憲が鄭舜功を獄に繋ぎ、清授を四川に遠流《おんる》とした理由は、両者の倭寇対策の根本的な相違にあると思われる。

　鄭舜功は日本に滞在して日本人と深く交際し、日本人が凶暴ではあるものの秩序を重んじ、明律に基づいて中国人を処遇する開明さをも備えていることを認識していた。日本人に対する信頼に基づいて、朝貢関係を再構築することで、倭寇を終息させようと考えた。

　一方、胡宗憲は王直などの密貿易商人を籠絡することで、略奪をおこなう一派を征圧することを考えた。鄭舜功は密貿易商人を「流逋」と見なし、信用しておらず、胡の施策が、かえって流逋の跳梁を招くと危惧したのである。胡はこうした鄭舜功の見解が広がることを、防ぐ必要があったと考えられる。

　胡宗憲が失脚する一五六四年までの七年間、鄭舜功は獄に繋がれることになった。

清授が鄭舜功に贈った漢詩

「窮河話海」巻四「詞章」には、清授が鄭舜功に贈った漢詩が収載されている。

感　懐

毎憶扶桑顔色衰　　扶桑（日本の国）を思い起こす度に顔色が衰え
旅愁三載若何為　　旅愁は三年となり、いかんともしがたい
杜鵑不奈未帰路　　杜鵑《とけん》（ホトトギス）は未だに帰路に就くことなく
啼落枕頭双涙垂　　啼《な》いては枕元にはふたすじの涙が垂れ落ちる
遠来忠信本無私　　遠来の忠信に、もとより私欲のないことは
上有天知人未知　　上は天が知るものの、人は未だに知ることがない
日月掛空輝万里　　日月は空に掛かり、万里を輝かすも
天下何不化東夷　　天下はどうして東夷を開化できないのだろうか

この漢詩はおそらく清授が杭州に蟄居《ちっきょ》させられて三年を経た後に記したものであろう。みずからの忠信には一点の曇りがないものの、中国においてはそれを理解するものがないと憂えている。明朝との交流が始まれば、戦国の世である日本も、文明に浴することができるのであろうが、その願いはむなしいと嘆いている。

留別鄭国客

長橋楊柳綰離情　　長橋（杭州西湖に掛かる橋）の楊柳は別離の情を束ね

毎憶君恩涙暗傾　　君（鄭舜功）の恩義を想うたびに涙が人知れず流れる
一滴四川何日返　　ひとたび四川に遠流となれば、いつ戻れるのか
夢魂惟遶武林城　　夢に魂はただ武林城（杭州）をめぐるのみ

この漢詩から清授の身柄が、しばらく杭州に置かれていたことをうかがい知ることができる。四川に送られると決まったことを知ったときに、この詩を鄭舜功に贈ったものと推定される。

真教話別
三年交好友　　三年の親交には
均義点無塵　　義に等しくして一点の塵もない
今日是何夕　　今日はこれ何の夕《ゆうべ》か
離情涙満頻　　離別の情の涙がしきりに流れる

日本で鄭舜功と親交を深めてからの三年の月日を想起し、別離の情を鄭舜功に伝えようと、清授は筆を執った。

銭塘話別
大暑正当三伏天　　大暑はまさに三伏天（猛暑の時節）に当たる

別君不忍上江船　　君（鄭舜功）と別れて江船に乗ることが忍びがたい
蜀山未到吾能説　　蜀山（四川の山々）はいまだ至ることはなく、我は言う
鳥道連雲路八千　　鳥の通う道は雲を連ねて八千里

四川へと身柄が護送されたのは、夏の盛りの三伏天（陽暦の七月上旬からの一ヵ月あまり）であったようだ。銭塘江で川船に乗せられて、遠路はるばる四川への旅が始まった。鄭舜功の身柄は、杭州か寧波にあったのであろう。鳥だけが通う雲の道が、鄭舜功と清授とのあいだを結ぶことになる。

又
鳥道連雲路八千　　鳥の通う道は雲を連ねて八千里
我今遠謫実堪憐　　我いま遠流となり、まことに憐れみに堪えん
四年羈縶身憔悴　　四年のとらわれの身は憔悴するも
一点誠心不愧天　　一点の誠心は天に愧《は》じるところはない

寄言鄭国客

四川への遠流は、中国に渡ってから四年、単純に計算すると一五六一年の夏となる。この過酷な運命に翻弄されながらも、その誠心は曇ることがないとする。

茂林深隠尚逢春　深く繁った林に隠棲して、なお春を迎える
信是天恩化育均　信じるものは、これ天恩が万物を均しく育てること
遠渡求忠何棄我　遠く渡り求めた忠は、どうして我を見捨てるだろうか
扶桑万里亦王臣　扶桑（日本国）は万里の彼方にあるが、また王臣である

おそらくこの詩は、配流先の四川であらたな年を迎えるに当たり、鄭舜功に贈ったものであろう。清授もまた鄭舜功と同様に、中国と日本との関係を改善することが、両国にとって価値があると確信し、いわば同志として鄭に信頼を寄せていることを、この詩から読み取ることができるのではないだろうか。

日本と中国、その双方の事情に通じるものは、ときとして周囲から理解されず、苛烈な扱いを受けることがある。ほとんど知られることのない鄭舜功と清授、彼らの事績はいまあらためて顕彰すべきであろう。

『日本一鑑』執筆

獄中において鄭舜功は、日本に渡った経験に基づいて執筆を始めた。「隝島新編」の序文には、以下の文章がある。

王師（明朝の軍門、ここでは胡宗憲の陣営）にもどって、すでに数年を数え、告発されて獄に下

っている。〔私の〕忠信は裏切られ、いまだに落ち着ける状況にはなく、〔それまで日本について調べてきた〕書籍も捨て置いて久しくなっていた。

先に罪人として捕らわれていたときに、訪れた客人がこんなことを言った。「四方に派遣された使者たち、たとえば琉球に渡ったものや、松漠《しょうばく》（内モンゴル東部）に向かったものには、紀聞（聞書き）が残されている。日本に使者として赴いたあなたには、どうして何の記録もないのですか」と。

私はこれに答えた。すでに見聞を報告書にまとめている。〔日本の〕島や土地について聞き取ったことは図編にして添え、国々の地方のことも考察している。見聞したことは取りこぼさず、まだ見聞に及んでいないことは文献を照覧して、一巻を書き終えている。そのときふと思いついた。報告書に「隝島新編」と題して、客人の問い掛けに答えることとしたのである。

使節としての実績は、救世の士人や君子に伝えよう。私のあとに使者となるものは、きっとその説明を役立てることだろう。

不遇のなかで、鄭舜功はまず「隝島新編」をまとめ、そのあとに「窮河話海」を書き進めたと想像される。

『日本一鑑』をまとめ上げる動機の一つに、胡宗憲のもとで鄭若曽がまとめた『籌海図編』への対抗心もあったようだ。

あるとき監生の鄭若曽が、〔私のもとを〕訪ね、〔日本に関する〕要点を教示ねがいたいと申し出たことがある。私は〔『日本一鑑』の〕草稿を出して、まだ完成していないことを示すと、鄭若曽は「かつて『日本図纂』『籌海図編』を編纂したが、倭夷についての風聞は正しくなかった。いまこの書を目の前にして、もっと早く拝見しなかったことが悔やまれる。すでに世に出ている『図纂』『図編』を〔この書によって〕改訂したい」と言った。私はこれを固辞した。

この一節は、倭寇に関する「寧波志略」の一文に付された割注において、鄭舜功が自身の事績を振り返るなかで述べられている（「窮河話海」巻八「評議」）。

鄭若曽の『籌海図編』は広く世に知られることになったが、鄭舜功の『日本一鑑』は、ついに刊行されることがなかった。

鄭舜功の最期は未詳である。

あとがき

「海」が書名に含まれる拙著は、本書より前に二作ある。『海と帝国』（中国の歴史⑨二〇〇五年、学術文庫版二〇二一年）、『シナ海域　蜃気楼王国の興亡』（二〇一三年）、いずれも講談社から出版された。本書を執筆している途中で、『日本一鑑』の著者・鄭舜功から、これら前作で見落としていた観点を教えられた。前作では王直や小西行長を軸に、九州北部の五島・平戸・長崎や九州中部の宇土・八代などの重要性を指摘した。本書であらたに明らかとなったのは海域アジアから日本を俯瞰したときに現れる、九州南部のかつての薩摩・大隅と日向の重要性である。

本書の第一章と第四章で、徐海が千隻を超える船団を率いて中国に渡ったと記した。大学の演習で大学院生たちと『日本一鑑』を講読していたとき、「千」は「十」の書き間違えかも知れない、と私はコメントした記憶がある。想像を超える数であったからである。しかしその後、嘉靖大倭寇に関する諸史料と照らし合わせると、仮に「千」という数字に、いわゆる「白髪三千丈」のたぐいの誇張があるとしても、「十」の桁ではなく、少なくとも数百隻の船団が九州の南部から中国に渡ったことを確信することになった。

あわよくば一旗揚げようとする武士や一儲けしようとする商人が、薩摩の坊津・山川や京泊、大隅の志布志や高洲（高須）、日向の外浦や内海などの港から、船に乗り込んでいたと考えられる。もしその現場に居合わせたら、本書で「分岐圏」とした海上に、無数の帆影がみとめられたことであろう。

本書の原稿を編集担当の梶氏に送った後、南九州の港町を巡ってみた。そこには一七世紀初頭の海の物語の痕跡が残っていた。そのなかで最も印象的であったのは、阿久根市の市民交流センター（風テラスあくね）のロビーに展示されている「阿久根砲」である。この大砲は、一九五七年に阿久根市浜町の護岸で、小学生によって発見された。一六世紀に数多く作製された後装式の大砲で、全長約三メートル、口径七センチ、砲身にポルトガル王室の紋章が鋳出されている。ポルトガル本国かインドのゴアで作製され、阿久根に寄港したか、近海で難破した船に乗せられてもたらされたものであろう。

薩摩川内市の京泊では、一六〇六年から〇九年まで存在した京泊天主堂跡を、川内川河口を見下ろす丘の上に訪ねた。志布志市では切り立ったシラス台地の先端に築かれた中世の山城から、船体にオレンジ色の太陽が描かれたフェリーさんふらわあが志布志湾に浮かぶ姿を、眺望した。一六世紀なかばから一七世紀初頭にかけて、これらの港には、中国のジャンクやポルトガルのナウ船などが停泊していたと想像される。

さつま町の宮之城を訪問したときは、宮之城歴史資料センターにおいて解説員の松尾英行氏から、島津尚久が初代とされる宮之城島津家の歴史を、展示物に沿って紹介していただいた。川内歴史資料館を訪問したのは、中国の密貿易商人が京泊でトラブルを引き起こした一五四六年当時、京泊の領主が本郷氏であったのか否かを確認しようとすることが目的であった。一六世紀後半に島津氏が薩摩を統一するまでのプロセスは複雑で、確信を持つことができなかったからである。戦国期の川内の領主について検討している学芸員の吉本明弘氏を紹介していただき、ご教示いただくことができた。

日本史を専門としない私が本書を著すことができたのは、東京大学史料編纂所の須田牧子氏と岡本真氏のおかげであるといって過言ではない。須田氏からはご専門の大内氏や倭寇にとどまらず、日本の中世文書の特質など、多くのことを学ばせていただいた。『高代寺日記』に鄭舜功に関する記載が残されていることは、岡本氏より教えていただいた。また、豊後の日本刀事情については大分県立歴史博物館主幹学芸員の平川毅氏に教えを請わなければ、見当違いを犯すところであった。堺の歴史と埋蔵資料に精通されている森村健一氏、續伸一郎氏（堺市文化財課）からは資料を送っていただいた。諸氏には深く感謝もうしあげたい。

『日本一鑑』は立教大学と非常勤講師を一時的に務めた慶應義塾大学の大学院で、二〇一五年から二〇二一年までのあいだ、テキストとして講読した。この間、多くの院生が私の指導の下で、鄭舜功の難解な文章に挑み、読解に努めた。特に袁茂萍氏と藤井美奈氏は講読の成果をそれぞれの修士論文に活かしている。中島楽章との共編著として『アジアの海を渡る人々——一六・一七世紀の渡海者』を春風社から出版した目的の一つには、学術論文として修士論文を発表していない二人の研究成果の一端を、世に問いたいというものもあった。そのほか名を挙げないが、院生諸氏の努力に本書は負うところが少なくない。

本書の企画は、拙著『海と帝国』の文庫本化にあたって編集の梶慎一郎氏と打ち合わせをしているときに、選書メチエの執筆者を探していると伺ったところから始まった。心当たりを紹介する一方、

『日本一鑑』についてそろそろまとめられるかもしれないと考え、自薦したのである。門外の日本史に深く関わることになる企画を進めるならば、講談社以外には考えられない、という想いもあった。講談社の校閲がしっかりとしているからである。今回も校閲担当の高畑健一氏と谷辺修也氏から、ゲラに鉛筆書きで数多くの指摘をいただいた。

講談社選書メチエは、私にとって思い出深いシリーズである。最初の著作『伝統中国』は、この選書の第三五番として刊行された。それから二八年もの時が流れている。中国の宗族研究から環境史、風水論、七三一部隊細菌兵器による被害の調査と裁判、タカラガイ研究、歴史人口学的研究、海域アジア史、想えば遠くに来たものである。

本書はもともと日中国交正常化五〇周年にあたる二〇二二年九月に刊行する予定であった。しかし、執筆は難渋し、丸一年ほど遅れることになった。アジアの海域をめぐり、中国と日本とは、いま緊張関係にある。鄭舜功が海を渡った一六世紀なかば、日中は緊張関係にあった。彼は日中のあいだで国交を正常化するために、来日したのである。鄭舜功の事績を明らかにしておくことは、この時代の歴史を研究する者が負うべき一つの責務であるといっていいだろう。

二〇二三年　六月

上田　信

参考文献

相田二郎　一九四三年『中世の関所』畝傍書房（復刊、一九七二年、有峰書店。一九八三年、吉川弘文館）
秋澤繁　二〇〇一年「『日本一鑑』からみた南海路」『長宗我部元親・盛親の栄光と挫折』高知県立歴史民俗資料館
阿南市史編さん委員会編　一九八七年『阿南市史　第一巻（原始・古代・中世編）』阿南市
天野忠幸　二〇一〇年『戦国期三好政権の研究』清文堂出版
天野忠幸　二〇一四年『三好長慶――諸人之を仰ぐこと北斗泰山』ミネルヴァ書房
天野忠幸　二〇二一年『三好一族――戦国最初の「天下人」』中公新書
いしゐのぞむ　二〇一八年「公式認定最重要史料の「釣魚臺」、尖閣ではなかった」『島嶼研究ジャーナル』第七巻二号
市村高男編　二〇一〇年『中世土佐の世界と一条氏』高志書院
伊藤幸司　二〇二一年「遣明船と南海路」『国立歴史民俗博物館研究報告』二二三
今谷明　一九九二年『戦国大名と天皇――室町幕府の解体と王権の逆襲』福武書店
今谷明・天野忠幸編　二〇一三年『三好長慶――室町幕府に代わる中央政権を目指した織田信長の先駆者』宮帯出版社
岩本潤一　二〇二三年「「御牢人」九条稙通の復権――弘治・永禄年間の動向から」『戦国史研究』八五
上江洲安宏　二〇二〇年「琉球への臨済宗の移植考」『禪學研究』九八
上田信　二〇〇五年『海と帝国』講談社（講談社学術文庫版、二〇二一年）
上田信　二〇〇七年『風水という名の環境学』農山漁村文化協会
上田信　二〇二二年「東ユーラシア圏域の史的展開」（『岩波講座世界歴史12　東アジアと東南アジアの近世』岩波書店）
臼杵市史編さん室編　一九九〇年『臼杵市史（上）』臼杵市
榎本渉　二〇〇七年『東アジア海域と日中交流――九～一四世紀』吉川弘文館
袁茂萍　二〇二一年「ある明代の知識人の日本認識――鄭舜功と『日本一鑑』」（上田信・中島楽章編『アジアの海を渡る人々――一六・一七世紀の渡海者』春風社）

大川沙織　二〇一六年「明代市舶太監の創設とその変遷」『史窓』七三
大木康　二〇〇四年『明末江南の出版文化』研文出版
大隈三好　一九九五年『切腹の歴史』雄山閣出版
太田弘毅　二〇〇二年『倭寇――商業・軍事史的研究』春風社
大藤修　二〇一二年『日本人の姓・苗字・名前――人名に刻まれた歴史』吉川弘文館
岡野友彦　二〇〇三年『源氏と日本国王』講談社現代新書
岡本良知　一九四二年『十六世紀日欧交通史の研究（改訂増補）』六甲書房（初版は一九三六年、弘文荘）
夏歓　二〇一九年「胡宗憲と張経弾劾事件」『九州大学東洋史論集』四六
夏歓　二〇二三年「鄭舜功の家系とその貿易活動――日本宣諭の背景として」『九州大学東洋史論集』五〇
鹿毛敏夫編　二〇二一年『硫黄と銀の室町・戦国』思文閣出版
神戸輝夫　一九八〇年「十六世紀豊後水道交通の一端――漢籍史料よりみたる」（大分大学教育学部編『豊後水道域――自然・社会・教育』大分大学教育学部）
神戸輝夫　一九九九年「鄭舜功と蔣洲――大友宗麟と会った二人の明人」『大分大学教育福祉科学部研究紀要』二一－二
木村晟編　一九九五年『古辞書研究資料叢刊　第一三巻　日本一鑑（寄語）（翻字本文・典拠資料）―方言類釈（翻字本文）』大空社
黒嶋敏　二〇一二年「「鉄ノ船」の真相――海から見た信長政権」（金子拓編『『信長記』と信長・秀吉の時代』勉誠出版）
黒嶋敏　二〇一三年『海の武士団――水軍と海賊のあいだ』講談社選書メチエ
坂田聡　二〇〇六年『苗字と名前の歴史』吉川弘文館
須田牧子　二〇一三年「『蔣洲咨文』について」『東京大学史料編纂所研究紀要』二三
須田牧子編　二〇一六年『「倭寇図巻」「抗倭図巻」をよむ』勉誠出版
川内郷土史編さん委員会編　一九七六年『川内市史（上）』鹿児島県川内市

川内郷土史編さん委員会編　一九八〇年『川内市史（下）』鹿児島県川内市
田中健夫　一九八七年「倭寇図雑考――明代中国人の日本人像」『東洋大学文学部紀要　史学科篇』一三号
鶴崎裕雄　一九七五年「摂津国人領主塩川氏の記録――「高代寺日記―塩川家臣日記　下」紹介」『史泉』五〇
天理図書館善本叢書和書之部編集委員会編　一九八六年『古道集』天理大学出版部　八木書店
中島楽章　二〇二〇年『大航海時代の海域アジアと琉球――レキオスを求めて』思文閣出版
中島楽章　二〇二一年a「一六世紀東アジア海域の軍需品貿易――硝石・硫黄・鉛」（鹿毛編　二〇二一、二九九～三三四頁）
中島楽章　二〇二一年b「十六世紀の南島航路――『日本図纂』を中心に」『東方学』一四二
中島敬　一九九四年「鄭舜功の来日について」『東洋大学文学部紀要　史学科篇』一九号
中島敬　一九九六年「『日本一鑑』の日本認識」『東洋大学文学部紀要　史学科篇』二一号
中島敬　一九九七年「『日本一鑑』研究史」『東洋大学文学部紀要　史学科篇』二二号
新田一郎　二〇〇一年『太平記の時代』講談社（講談社学術文庫版、二〇〇九年）
橋本雄　二〇一五年「天文・弘治年間の遣明船と種子島――大友氏遣明船団と「鉄炮伝来」」『九州史学』一七一
長谷川博史　二〇二〇年『列島の戦国史3　大内氏の興亡と西日本社会』吉川弘文館
東原伸明、ローレン・ウォーラー編　二〇二〇年『新編土左日記』（増補版）武蔵野書院
平戸市史編さん委員会編　一九九七年『大航海時代の冒険者たち』平戸市
武安隆・熊達雲　一九八九年『東アジアのなかの日本歴史12　中国人の日本研究史』六興出版
福川一徳　二〇一四年「豊後大友氏と鉄砲について」（八木直樹編『豊後大友氏』戎光祥出版）
藤本誉博　二〇一七年「室町後期から織田権力期における堺の都市構造の変容――自治・支配をめぐって」『国立歴史民俗博物館研究報告』二〇四
渕敏博　二〇一八年「瓜生島沈没伝説」『別府史談』三〇－三一
保科富士男・中島敬　一九九〇年「日本一鑑本文の比較研究（一）」『東洋大学大学院紀要　文学研究科』二六号
増田美子　一九九二年「中世の葬儀と喪服――黒から白への回帰」『学習院女子短期大学紀要』三〇

宮崎政久　二〇一八年『日本刀が語る歴史と文化』雄山閣
村井章介編集代表　二〇一五年『日明関係史研究入門――アジアのなかの遣明船』勉誠出版
森村健一　二〇一八年「堺出土の東南アジア陶磁と朱印船堺海商」『陶磁器の考古学』九
森村健一　二〇一九年「堺遣明船貿易による陶磁器の変革」『陶磁器の考古学』一一
八木直樹　二〇二一年『戦国大名大友氏の権力構造』戎光祥研究叢書
柳原敏昭　二〇一一年『中世日本の周縁と東アジア』吉川弘文館
山崎岳　二〇〇七年「朝貢と海禁の論理と現実――明代中期の「奸細」宋素卿を題材として」（夫馬進編『中国東アジア外交交流史の研究』京都大学学術出版会）
山崎岳　二〇一〇年「舶主王直功罪考（前編）――『海寇議』とその周辺」『東方学報』八五
山崎岳　二〇一五年「舶主王直功罪考（後編）――胡宗憲の日本招諭を中心に」『東方学報』九〇
山崎岳　二〇二一年「宋素卿東渡日本考――寧波事件の歴史的前提」（上田信・中島楽章編『アジアの海を渡る人々――一六・一七世紀の渡海者』春風社）
山田篤美　二〇一三年『真珠の世界史――富と野望の五千年』中公新書
游佐徹　二〇一六年「小説に描かれた倭寇――明清「倭寇小説」概論」（須田編　二〇一六、三九三～四三一頁）
李獻璋　二〇一六年『嘉靖年間における海寇――王直と徐海とを中心にして』泰山文物社

中国書

鄭永常　二〇一四年「鄭舜功日本航海之旅」『国家航海』九
東初　一九八五年『中日佛教交通史』〈台北〉東初出版社
卞利　二〇一七年「明代鄭舜功籍貫、平生事跡、出使日本考弁」『安徽史学』二〇一七年六期〈https://www.ylwxc2c.com/view-242576.html〉
王鴻泰　二〇一二年「倭刀與俠士――明代倭亂衝擊下江南士人的武俠風尚」『漢學研究』第三〇巻第三期（民國一〇一年九月）

[ヤ]

[ラ]

[ワ]

[マ]

[ナ]

[ハ]

［タ］

［サ］

［カ］

索引

鄭舜功、『日本一鑑』、京都など全編に頻出する語は省略した。

［ア］

上田 信（うえだ・まこと）

一九五七年東京都生まれ。東京大学大学院人文科学研究科修士課程修了。現在、立教大学文学部特別専任教授。専攻は中国社会史。著書に『中国の歴史⑨海と帝国』（講談社学術文庫）、『伝統中国――〈盆地〉〈宗族〉にみる明清時代』（講談社選書メチエ）、『シナ海域蜃気楼王国の興亡』（講談社）、『貨幣の条件――タカラガイの文明史』（筑摩選書）、『死体は誰のものか――比較文化史の視点から』（ちくま新書）、『人口の中国史――先史時代から一九世紀まで』（岩波新書）ほか。

阿久根で発見されたポルトガルの大砲と著者

戦《せん》国《ごく》日《に》本《ほん》を見《み》た中《ちゅう》国《ごく》人《じん》

海《うみ》の物語《ものがたり》『日本一鑑《にほんいっかん》』を読《よ》む

二〇二三年　七月一一日　第一刷発行
二〇二四年　九月一一日　第四刷発行

著者　上《う》田《えだ》　信《まこと》

発行者　森田浩章
発行所　株式会社 講談社
東京都文京区音羽二丁目一二―二一　〒一一二―八〇〇一
電話（編集）〇三―五三九五―三五一二
（販売）〇三―五三九五―五八一七
（業務）〇三―五三九五―三六一五
装幀者　奥定泰之
本文データ制作　講談社デジタル製作
本文印刷　信毎書籍印刷株式会社
カバー・表紙印刷　半七写真印刷工業株式会社
製本所　大口製本印刷株式会社

KODANSHA

ISBN978-4-06-532574-2　Printed in Japan　N.D.C.210　245p　19cm

講談社選書メチエの再出発に際して

講談社選書メチエの創刊は冷戦終結後まもない一九九四年のことである。長く続いた東西対立の終わりはついに世界に平和をもたらすかに思われたが、その期待はすぐに裏切られた。超大国による新たな戦争、吹き荒れる民族主義の嵐……世界は向かうべき道を見失った。そのような時代の中で、書物のもたらす知識が一人一人の指針となることを願って、本選書は刊行された。

それから二五年、世界はさらに大きく変わった。特に知識をめぐる環境は世界史的な変化をこうむったとすら言える。インターネットによる情報化革命は、知識の徹底的な民主化を推し進めた。誰もがどこでも自由に知識を入手でき、自由に知識を発信できる。それは、冷戦終結後に抱いた期待を裏切られた私たちのもとに差した一条の光明でもあった。

その光明は今も消え去ってはいない。しかし、私たちは同時に、知識の民主化が知識の失墜をも生み出すという逆説を生きている。堅く揺るぎない知識も消費されるだけの不確かな情報に埋もれることを余儀なくされ、不確かな情報が人々の憎悪をかき立てる時代が今、訪れている。

この不確かな時代、不確かさが憎悪を生み出す時代にあって必要なのは、一人一人が堅く揺るぎない知識を得、生きていくための道標を得ることである。

フランス語の「メチエ」という言葉は、人が生きていくために必要とする職、経験によって身につけられる技術を意味する。選書メチエは、読者が磨き上げられた経験のもとに紡ぎ出される思索に触れ、生きるための技術と知識を手に入れる機会を提供することを目指している。万人にそのような機会が提供されたとき初めて、知識は真に民主化され、憎悪を乗り越える平和への道が拓けると私たちは固く信ずる。

この宣言をもって、講談社選書メチエ再出発の辞とするものである。

二〇一九年二月　　野間省伸